Contents

- 주름 원피스 … p.2
- 코르사주 … p.3
- 턱 원피스 … p.4
- 턱 블라우스 … p.5
- 프릴 칼라 … p.6
- 주름 블라우스 … p.7
- 스모킹 블라우스 … p.8
- 스모킹 원피스 … p.9
- 앞 주름 원피스 … p.10
- 턱 장식 가방 … p.11
- 드로스트링 블라우스 … p.12
- 목걸이 … p.13
- 스트링 원피스 … p.14
- 스탠드 칼라 원피스 … p.16
- 숄더백 … p.17
- 스탠드 칼라 튜닉 … p.18
- 브로치 … p.19
- 스탠드 칼라 셔츠 원피스 … p.20
- 투웨이 스커트 … p.22
- 보넷형 모자 … p.23
- 벌룬 팬츠 … p.24
- 와이드 팬츠 … p.25
- 돌먼 슬리브 라이트 코트 … p.26
- 돌먼 슬리브 재킷 … p.28
- 리본 헤어밴드 … p.29
- 에이프런 … p.30
- 키친 드레스 … p.31
- 가르송 에이프런 … p.32

◎ 제작의 기초 이해하기 … p.33
◎ 작품 만드는 방법 … p.34
◎ 실물 크기 패턴 사용 방법 … p.80

주름 원피스

레이어드해서 입거나 깔끔하게 한 벌로만 입어도 좋은 원피스입니다. 가슴 절개선에 주름을 잡은 프렌치 슬리브 디자인입니다. 가슴 쪽에 코르사주를 달아 포인트를 주어도 좋습니다.

1

만드는 방법 p.34

코르사주

꽃 세 송이를 예쁘게 합쳐 만든 코르사주입니다. 옷뿐만 아니라 가방, 모자 등 다양한 소품에 포인트로 쓰기 좋은 아이템입니다.

만드는 방법 p.36

턱 원피스

앞몸판 중심의 턱 장식이 포인트인 원피스입니다. 편안한 착용감으로 데일리하게 입기 좋으며, 은은한 색감이 매력적인 아이템입니다.

만드는 방법 p.37

5

턱 블라우스

5번 원피스에서 기장을 짧게 수정하여 만든 블라우스입니다. 깔끔한 스트라이프 원단으로 만들면 또 다른 느낌의 블라우스가 완성됩니다.

만드는 방법 p.37

6

프릴 칼라

자연스럽게 프릴이 잡힌 귀여운 칼라입니다. 중앙에 있는 그로그랭 리본을 조이면 귀여운 주름이 생기는 디자인이며, 블라우스, 티셔츠 등 다양한 상의에 매치하여 포인트를 주면 사랑스러운 코디가 완성됩니다.

만드는 방법 p.42

7

주름 블라우스

주름이 귀여운 블라우스입니다. 심플한 라운드 네크라인에서 가슴 절개 아래의 주름과 볼륨이 들어간 소매로 포인트를 준 아이템입니다.

만드는 방법 p.40

8

스모킹 블라우스

칼라와 소매 밑단에 고무줄을 넣어 주름을 잡아 만든 블라우스입니다. 얇은 론 원단으로 만들면 여성스러운 실루엣을 연출할 수 있으며, 화보처럼 그레이 바탕의 꽃무늬 원단으로 만들어도 좋습니다.

만드는 방법 p.43

9

스모킹 원피스

9번 블라우스에서 기장을 길게 수정하여 만든 원피스입니다. 레드 컬러의 원단과 블랙 베레모로 포인트를 주었고, 리넨 원단으로 만들면 적당한 볼륨감이 더 예쁜 실루엣을 연출할 수 있습니다.

만드는 방법 p.43

10

앞 주름 원피스

편안한 실루엣의 원피스입니다. 차분한 머스터드 색상이 어른스러운 분위기를 줍니다. 허리 쪽에 넣은 고무줄 주름이 기본 원피스에 포인트를 주어 스타일리시합니다. 착용감이 좋은 리넨 원단으로 만들었습니다.

만드는 방법 p.46

턱 장식 가방

가방 입구의 턱 장식이 포인트인 가방입니다. 원단으로 손잡이를 만들어 달아 주어도 좋지만, 가죽 손잡이를 달아 만들면 더 멋스러운 아이템이 완성됩니다.

만드는 방법 p.49

뒷기장이 긴 디자인입니다.

드로스트링 블라우스

비비드한 컬러로 만든 블라우스입니다. 입는 것만으로도 기분이 좋아지는 아이템이며, 밑단에 드로스트링을 달아 포인트를 주었습니다. 같은 색상의 목걸이를 매치해 멋스럽게 코디해보세요.

만드는 방법 p.48

13

목걸이

상의에 포인트가 되어줄 목걸이입니다. 가죽 끈에 네모난 모티브를 끼워 고정하면 완성되는 간단한 목걸이입니다. 곳곳에 핸드 스티치를 넣어 더욱 멋스럽게 만들었습니다.

14 15

만드는 방법 p.62

스트링 원피스

끈을 허리 옆으로 묶어 입는 원피스입니다. 단추를 열어서 입으면 코트로도 연출할 수 있어 다양한 코디에 활용하기 좋은 아이템입니다. 북유럽풍 무늬가 인쇄된 코듀로이 원단으로 만들어 포인트를 주었습니다.

만드는 방법 p.54

단추를 풀어 입으면 코트가 됩니다. 레이어드 할 때는 허리의 스트링을 느슨하게 하여 입는 것이 포인트입니다.

허리 옆으로 리본을 묶어 입는 디자인입니다.

스탠드 칼라 원피스

앞중심 쪽에 달린 리본이 포인트인 스탠드 칼라 원피스입니다. 적당한 A라인이 와이드 팬츠와도 잘 어울립니다. 자수가 들어간 원단으로 만들면 더 귀여운 아이템이 완성됩니다.

뒷몸판에는 맞주름이 있습니다.

만드는 방법 p.51

숄더백

가방 입구의 벨벳 리본이 포인트인 가방입니다. 동글동글한 형태의 귀여운 숄더백이며, 짧게 매고 싶을 때는 가방끈을 묶어 길이를 조절해주세요.

만드는 방법 p.57

스탠드 칼라 튜닉

단정한 스탠드 칼라의 롱 튜닉입니다. 화보처럼 하의를 코디하여 캐주얼하게 연출해도 좋고, 원피스로 한 벌만 입어도 멋스럽습니다.

만드는 방법 p.51

브로치

핸드 스티치가 포인트인 브로치입니다. 브로치는 옷에 한 개씩 달아 포인트를 주어도 좋고, 여러 개 달아서 멋스럽게 연출해도 좋습니다. **21**번과 **23**번은 작은 비즈를 달아 화려함을 더했습니다.

블라우스 : 8번 작품(**p.7**)

크고 작은 브로치를 겹쳐 달았습니다. 취향에 따라 원하는 위치에 포인트를 주세요.

만드는 방법 **p.63**

스탠드 칼라 셔츠 원피스

재킷으로도 입을 수 있어 활용 만점인 원피스입니다. 베이직한 셔츠 스타일의 스탠드 칼라이며, 고급스러운 오프 화이트의 리넨으로 만들어 두면 여기저기 매치하기 쉬운 아이템이 됩니다.

기본 티셔츠와 스커트 위에 살짝 걸치면 원피스 옆선의 트임으로 인해 자연스러운 스타일이 연출됩니다. 뒷몸판은 요크를 두어 턱 장식을 주었습니다.

만드는 방법 p.58

투웨이 스커트

끈을 묶는 위치에 따라 다양한 스타일을 연출할 수 있는 스커트입니다. 끈을 짧게 해서 입으면 점퍼스커트처럼 입을 수 있어 입는 즐거움을 주는 아이템입니다.

만드는 방법 p.70

끈을 허리 위치로 내려 연출하면 맥시 길이의 스커트가 되어 엘레강스한 분위기의 아이템이 완성됩니다.

보넷형 모자

스커트와 같은 원단과 블랙 리넨 원단을 사용하여 만든 핸드메이드 모자입니다. 코르사주(p.3)를 달아 포인트를 주어도 좋습니다.

만드는 방법　p.78

26

큰 챙을 접어 올리면 귀여운 느낌의 모자로 연출할 수 있습니다.

벌룬 팬츠

착용감이 좋은 벌룬 스타일의 팬츠입니다. 허리에 고무줄을 넣어 입고 벗기 편하며, 앞팬츠는 턱 장식, 뒤팬츠와 밑단에는 다트를 넣어 벌룬 모양으로 포인트를 주어 캐주얼하게 입기 좋습니다.

뒤팬츠에는 주머니를 달았습니다.

만드는 방법 p.67

27

와이드 팬츠

27번 팬츠의 밑단 다트를 없앤 디자인입니다. 편안한 와이드 핏으로, 베이직한 브라운 리넨 소재로 만들었습니다. 후드 점퍼와 같이 코디하여 연출하면 캐주얼한 스타일로 완성됩니다.

28

만드는 방법 p.67

돌먼 슬리브 라이트 코트

오버핏의 돌먼 슬리브 코트입니다. 모노톤의 깅엄체크는 코디의 포인트가 되어주는 추천 아이템입니다. 스카프와 함께 연출하여 더욱 멋스러운 스타일링을 완성해보세요.

만드는 방법 p.64

29

선염의 리넨 트윌 원단으로 제작하여
언제 어디서나 입을 수 있는 매력적인
아이템입니다. 벨트를 풀어 러프하게
연출해도 좋습니다.

돌먼 슬리브 재킷

신축성이 있는 니트 소재로 만든 돌먼 슬리브 재킷입니다. 카디건처럼 걸쳐 입을 수 있고, 캐주얼한 스타일에 착용감이 좋아 언제 어디서나 즐겨 입을 수 있는 아이템입니다.

30

만드는 방법 p.60

리본 헤어밴드

귀여운 디자인의 헤어밴드입니다. 리본을 묶은 듯한 귀여운 아이템이라 착용하는 것만으로도 비주얼을 돋보이게 만들어 주는 트렌디한 헤어밴드입니다.

32

31

만드는 방법 p.79

재킷의 뒤쪽 밑단에 턱 장식을 넣어 둥근 실루엣으로 만들었습니다.

긴 머리는 물론, 보이쉬한 짧은 머리에도 착용하면 귀엽고 사랑스러운 분위기를 연출할 수 있습니다.

에이프런

입기만 해도 편안한 스타일의 에이프런입니다. 뒷모습은 랩 스타일의 멋스러운 아이템입니다.

만드는 방법 p.72

박스 실루엣의 뒷모습

키친 드레스

귀여운 디자인의 키친 드레스입니다. 가슴과 뒤쪽 목둘레에 고무줄을 넣어 더 사랑스러운 스타일이며, 직선 패턴의 간단한 디자인이라 만들기 쉬운 아이템입니다.

만드는 방법 p.74

가르송 에이프런

스트라이프 원단으로 만든 베이직한 에이프런입니다. 롱한 길이감의 에이프런이지만 몸을 편안하게 움직일 수 있도록 양 옆선에 트임을 넣어 실용적인 아이템입니다.

만드는 방법 p.76

제작의 기초 이해하기

사이즈표(채촌 치수)   단위: cm

	S	M	L
가슴 둘레	78	82	88
허리 둘레	63	66	70
엉덩이 둘레	86	90	96.5
머리 둘레	56	58	60
등길이	36	38	39
허리길이	19	20	20.5
밑위길이	25	26	27
밑아래길이	63	65	67
소매길이	50.5	52	53.5
키	153	158	163

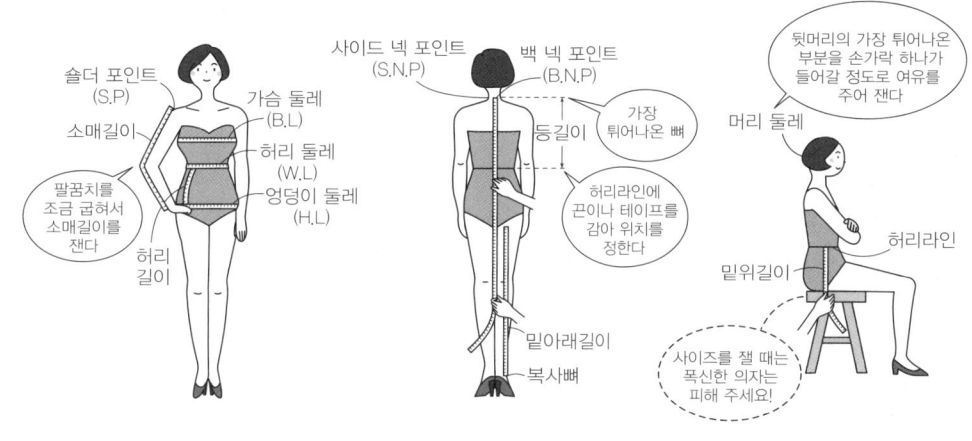

제도 기호

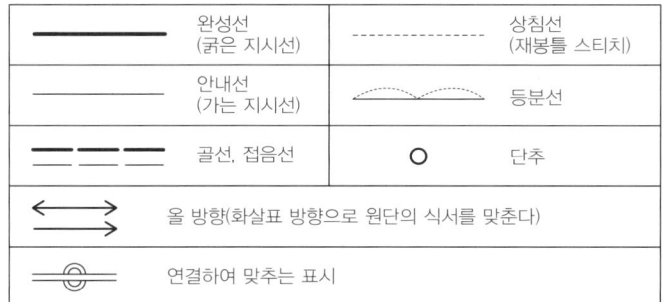

- 완성선 (굵은 지시선)
- 상침선 (재봉틀 스티치)
- 안내선 (가는 지시선)
- 등분선
- 골선, 접음선
- ○ 단추
- 올 방향(화살표 방향으로 원단의 식서를 맞춘다)
- 연결하여 맞추는 표시

작품의 완성 사이즈

책에 실린 작품의 완성 사이즈는 아래에 따라서 표기했습니다.

※ 계측 방법에 따라 다소 오차가 생길 수 있으므로 대략의 기준으로서 참고해주세요.

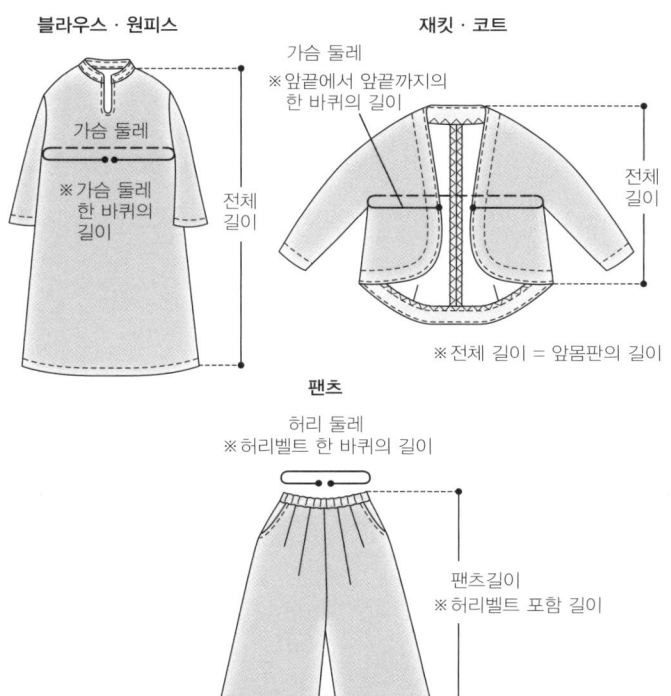

재단 배치도 보는 방법

서적의 실물 크기 패턴에는 시접이 포함되어 있지 않습니다. 만드는 방법 페이지와 [재단 배치도]를 참고하여 시접을 더해 주고, 원단을 재단합니다.

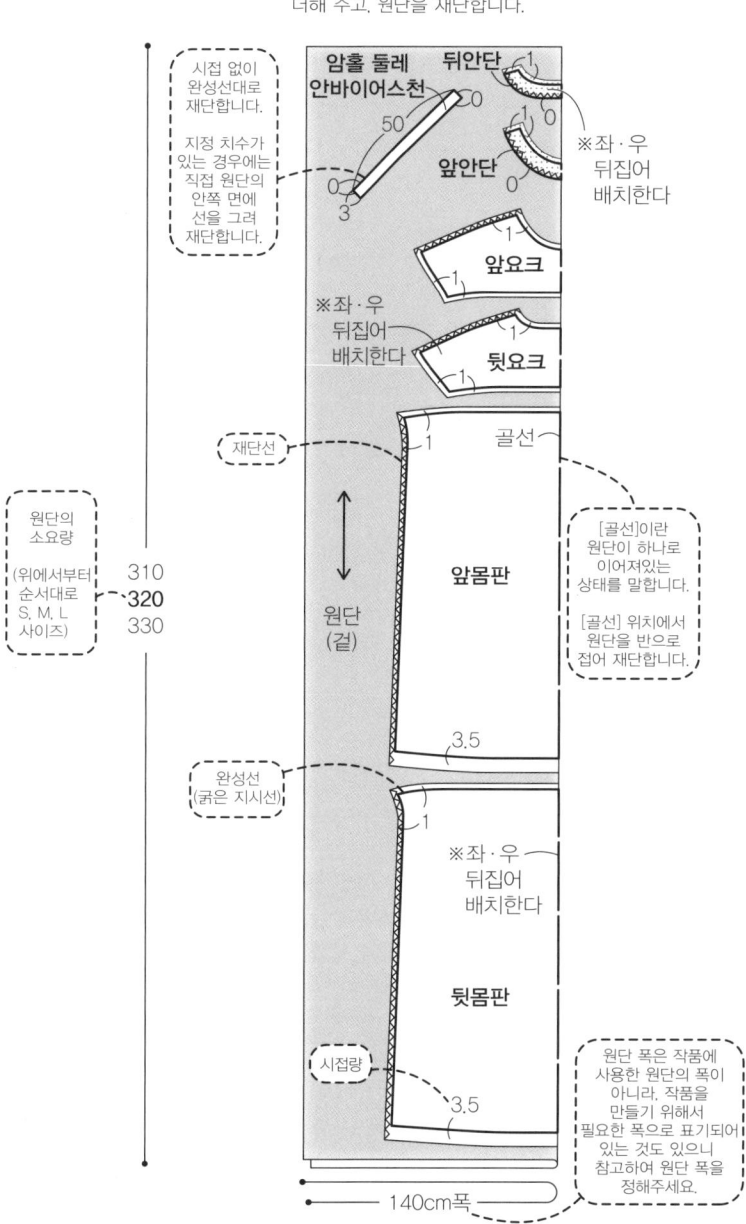

1 (p.2)

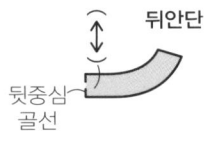

재료: 겉감(리넨) …… 140cm폭 x 310cm(S) / **320cm(M)** / 330cm(L)
접착심(소잉심지) …… 112cm폭 x 20cm

패턴 준비하기: * A면 **1**번 패턴을 사용합니다.
* 사용 패턴…앞·뒤몸판, 앞·뒤안단, 앞·뒤요크

완성 사이즈 단위: cm

사이즈	S	M	L
가슴 둘레	160	**170**	182
옷길이	112	**116**	119.5

사이즈 표시
S 사이즈
M사이즈
L 사이즈
1개만 작성된 숫자는 공통

패턴

= 실물 크기 패턴

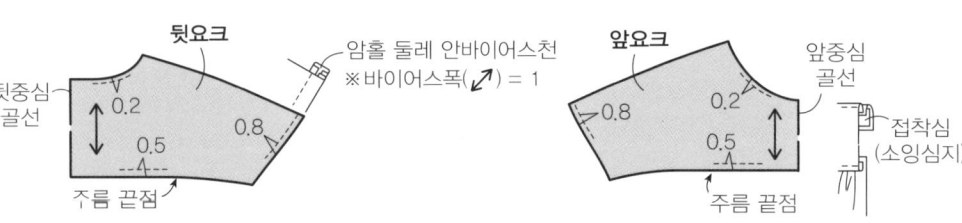

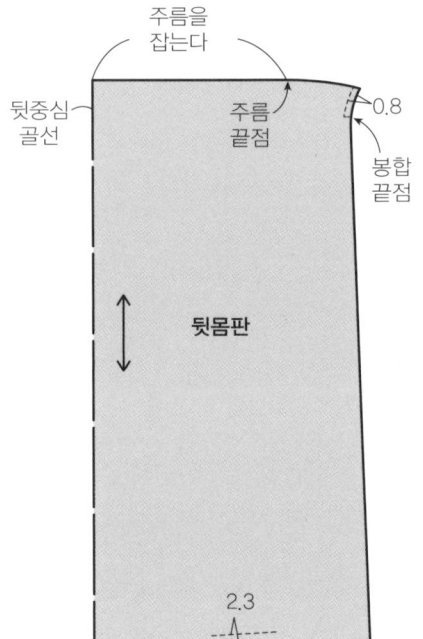

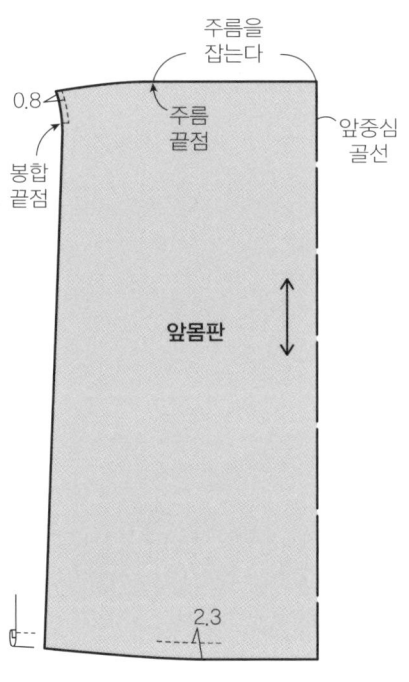

재단 배치도

* ▨ = 접착심(소잉심지)을 붙인다
* ∿ = 지그재그봉제 또는 오버록 처리한다
* 암홀 둘레 안바이어스천은 직접 제도하여 사용합니다

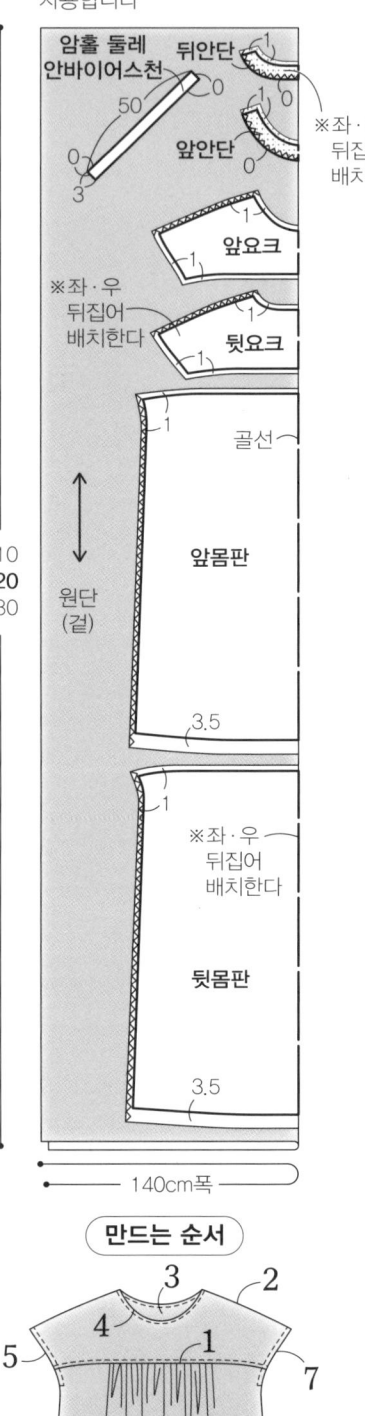

만드는 순서

만드는 방법

1 몸판에 요크를 단다

※뒷몸판도 ①~⑦과정과 같은 방법으로 만든다

2 몸판의 어깨를 봉합한다

3 안단을 만든다

4 몸판에 안단을 단다

5 몸판에 암홀 둘레 안바이어스천을 단다

※암홀 둘레 안바이어스천의 여유분을 잘라낸 뒤,
②번 과정으로 넘어간다
※반대쪽도 ①~⑥과정과 같은 방법으로 만든다

6 몸판의 옆선을 봉합하고, 밑단을 정리한다

7 암홀 둘레 안바이어스천을 정리한다

※반대쪽도 ①~②과정과 같은 방법으로 만든다

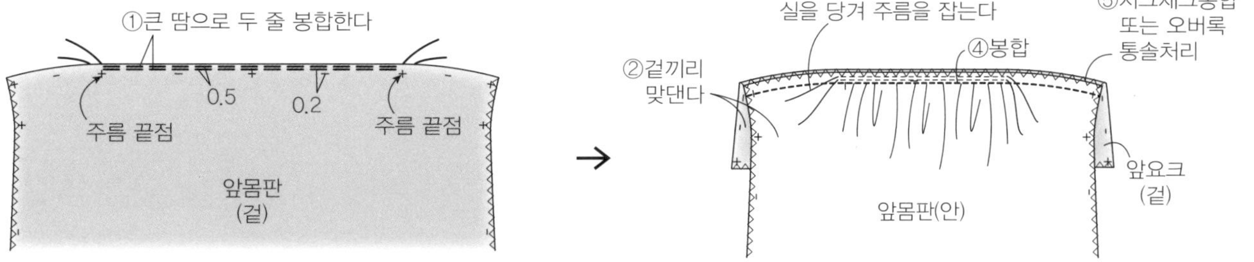

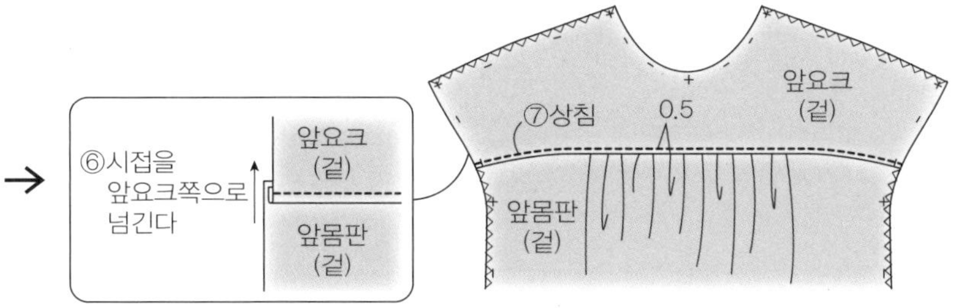

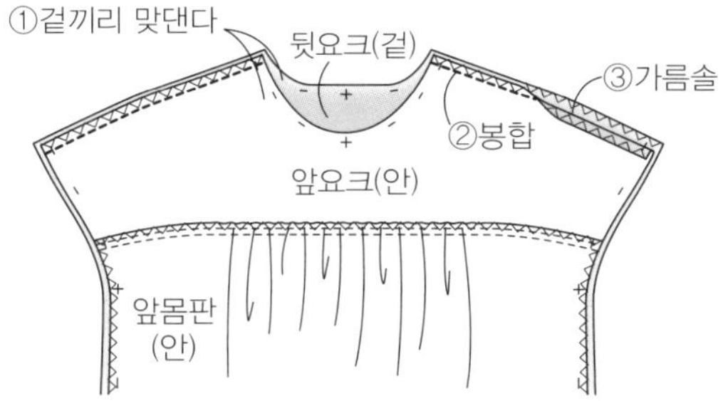

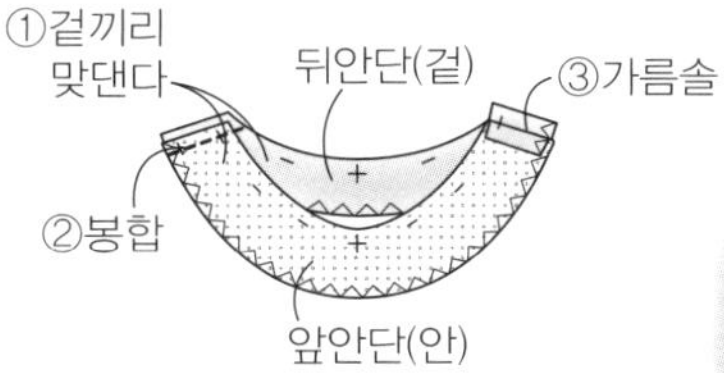

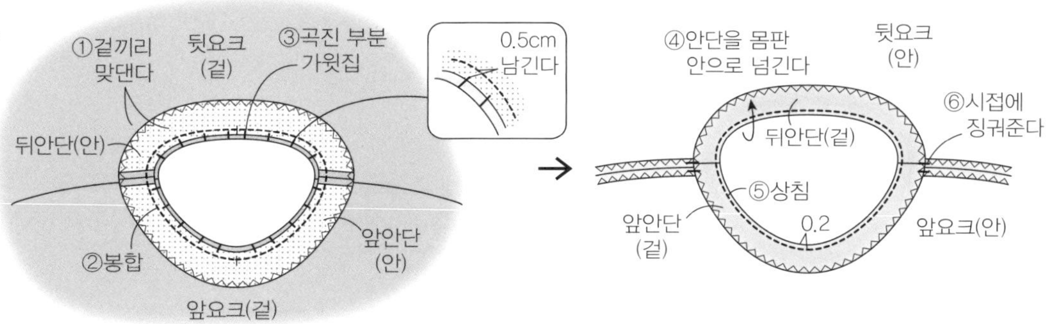

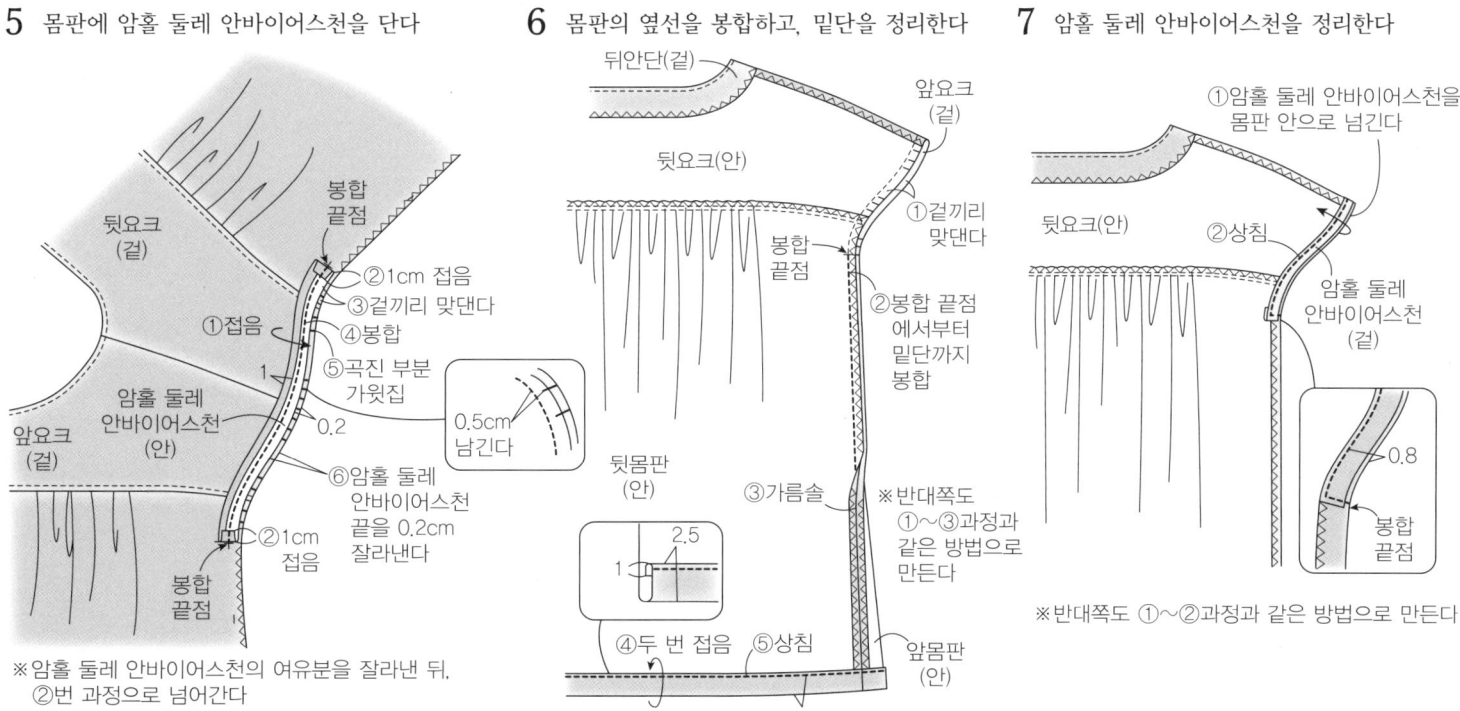

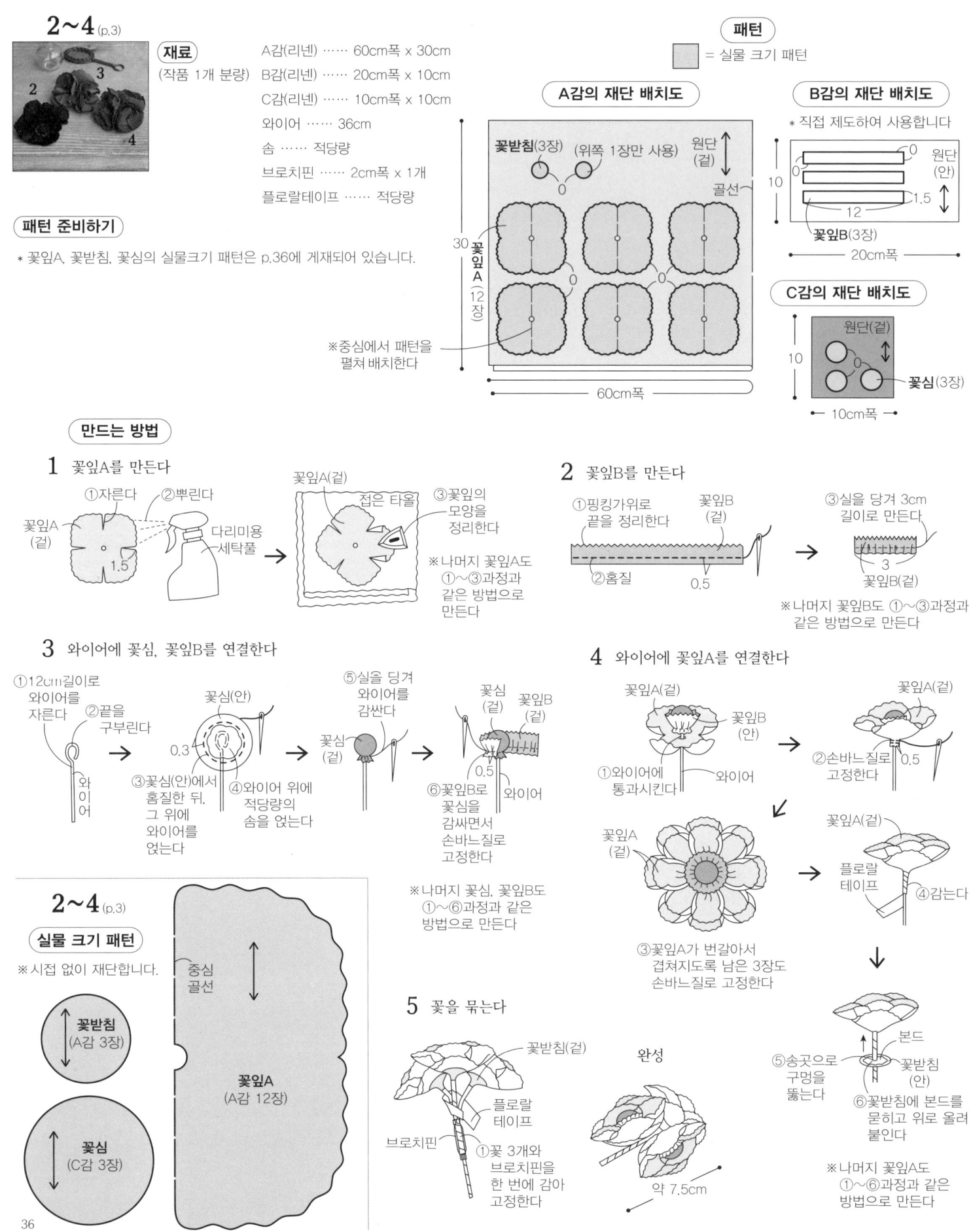

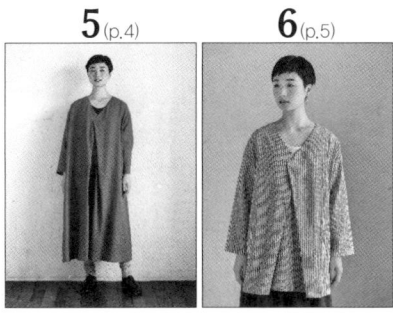

5 (p.4) **6** (p.5)

재료
- 5번 겉감(리넨) …… 140cm폭 x 320cm(S) / **320cm(M)** / 330cm(L)
- 6번 겉감(코튼) …… 110cm폭 x 220cm(S) / **240cm(M)** / 250cm(L)
- 접착심(소잉심지) …… 112cm폭 x 40cm

패턴 준비하기
* A면 5번, 6번 패턴을 사용합니다.
* 5번 사용 패턴…앞·뒤몸판(위), 앞·뒤몸판(아래), 앞·뒤안단, 소매
* 6번 사용 패턴…앞·뒤몸판, 앞·뒤안단, 소매
* 5번의 앞·뒤몸판의 패턴은 길이가 길어 분리하여 수록하였습니다. 맞춤점에 맞춰 한 장으로 연결해주세요.

완성 사이즈
단위: cm

사이즈	S	M	L
가슴 둘레	117	119.5	124
5번 옷길이	117.5	120	124
6번 옷길이	75	77.5	80

사이즈 표시
S 사이즈
M 사이즈
L 사이즈
1개만 작성된 숫자는 공통

재단 배치도
* ▨ =접착심(소잉심지)을 붙인다
* ∿ =지그재그봉제 또는 오버록 처리한다

패턴
□ = 실물 크기 패턴

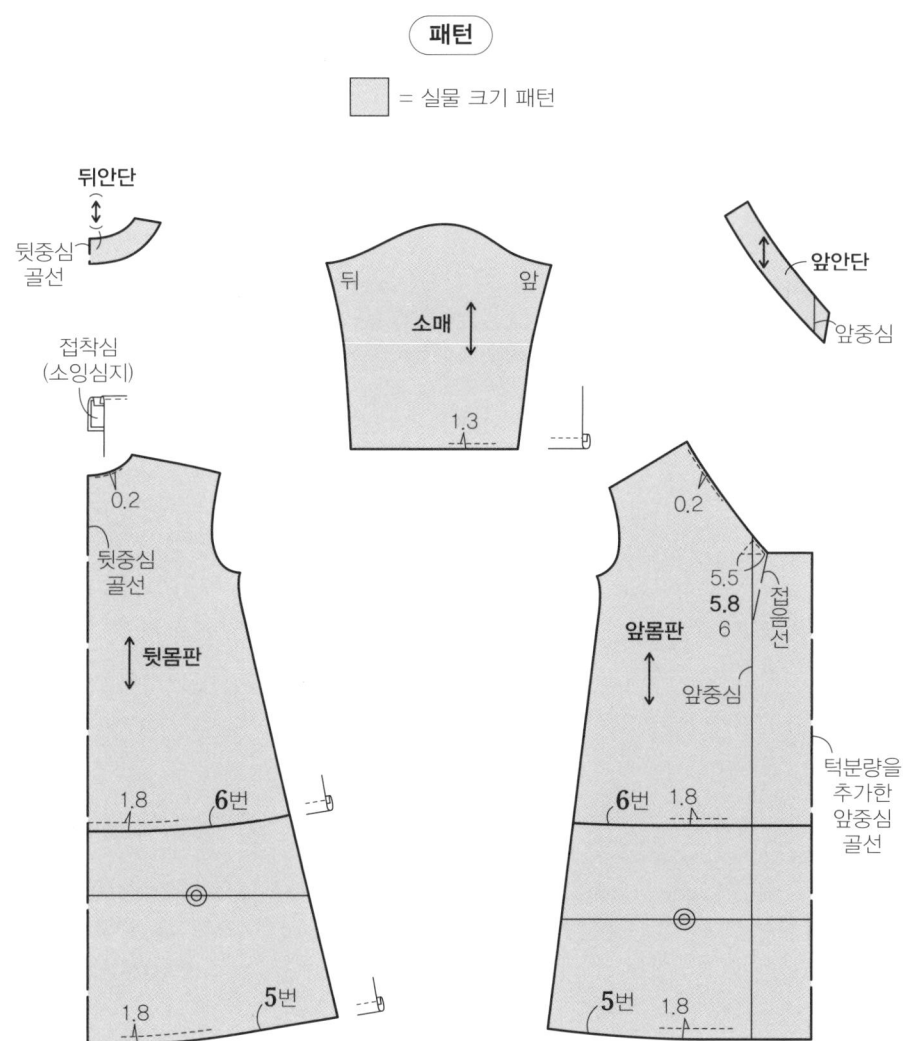

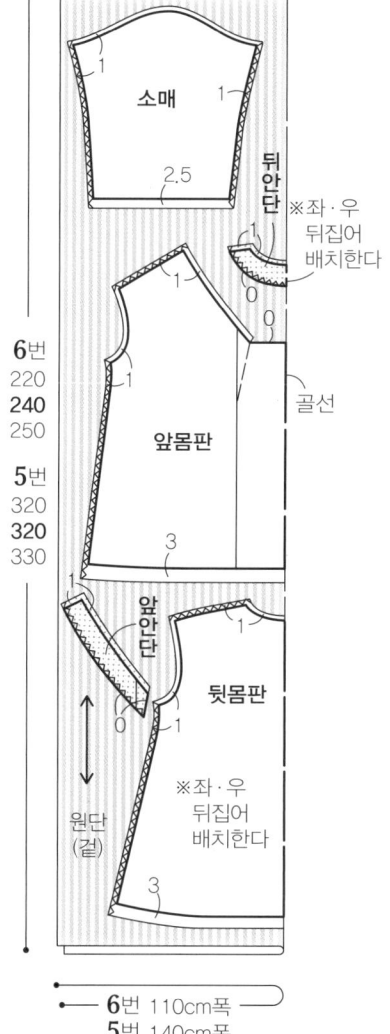

5번 만드는 순서 / 6번 만드는 순서

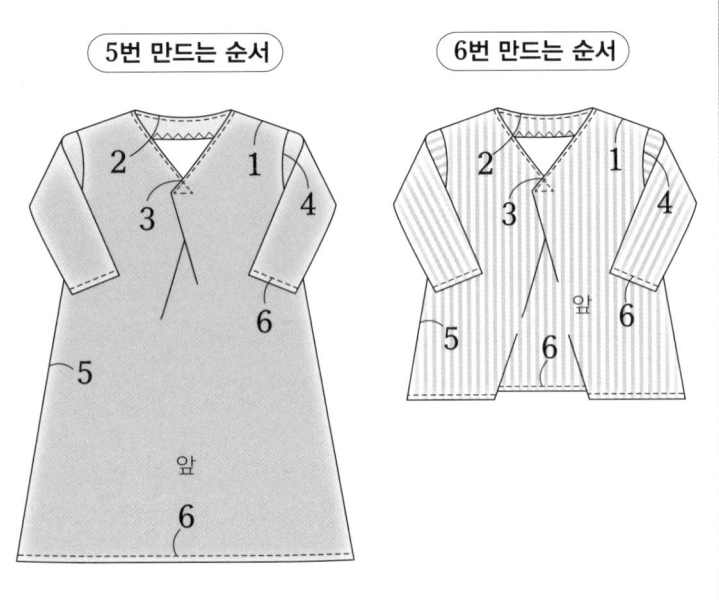

만드는 방법

1 몸판의 어깨를 봉합한다

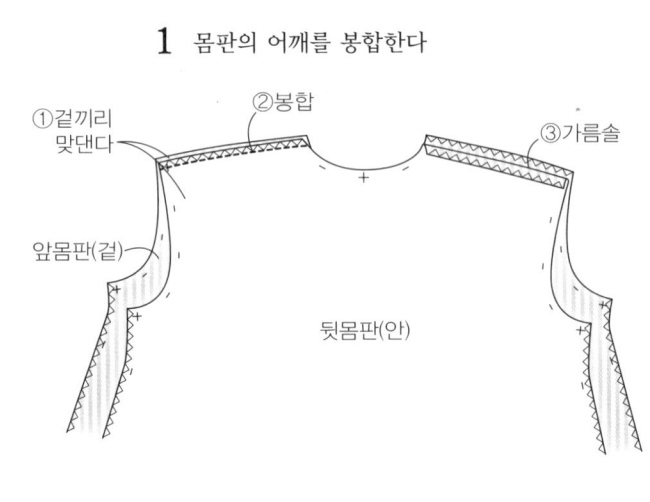

2 안단을 만들어 몸판에 단다

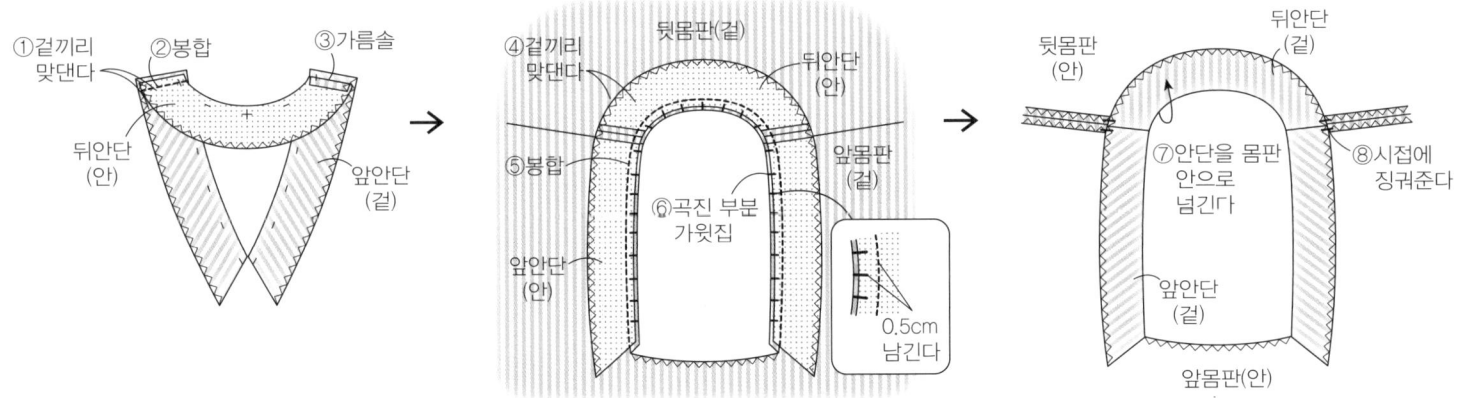

3 앞몸판에 턱을 잡는다

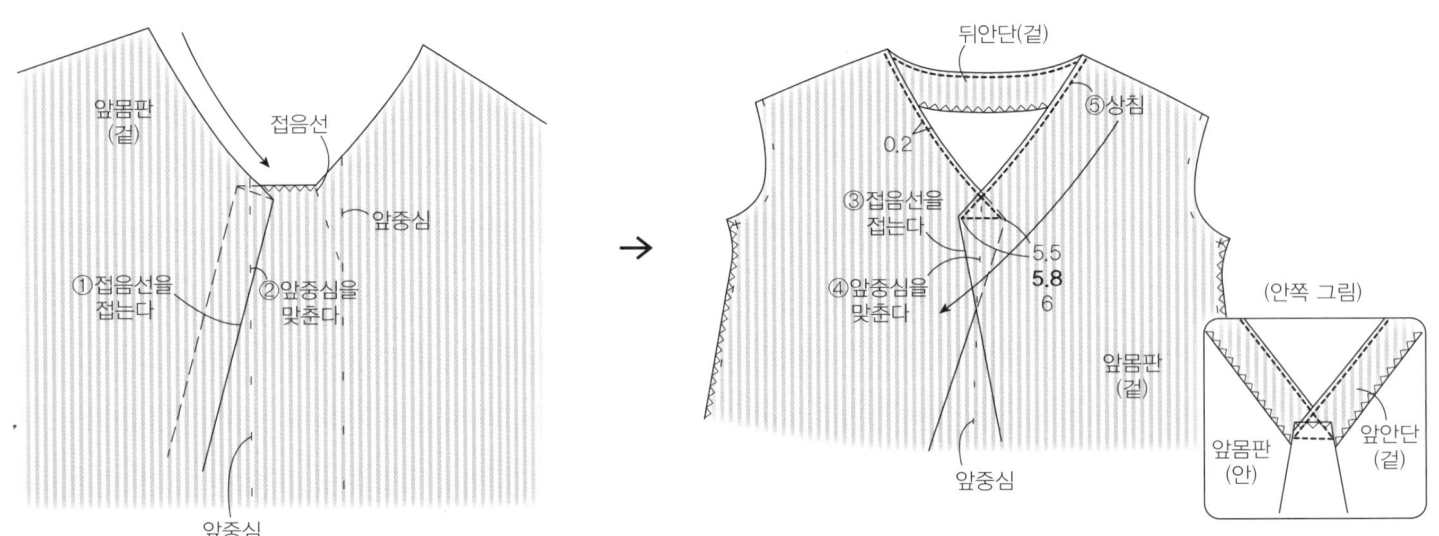

4 몸판에 소매를 단다

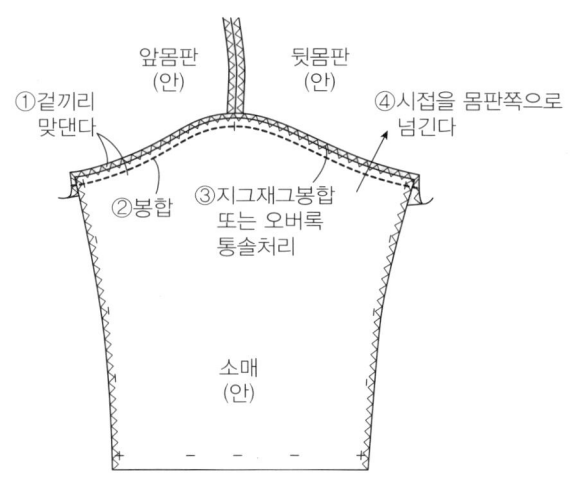

5 몸판과 소매의 옆선을 한 번에 이어서 봉합한다

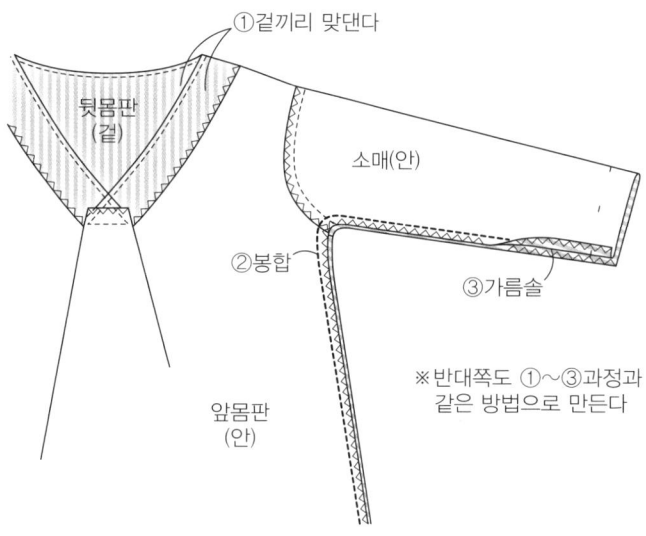

6 몸판과 소매의 밑단을 정리한다

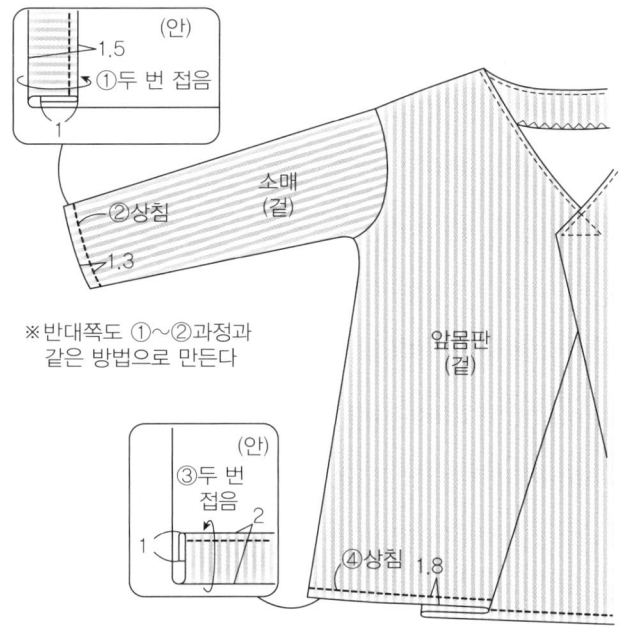

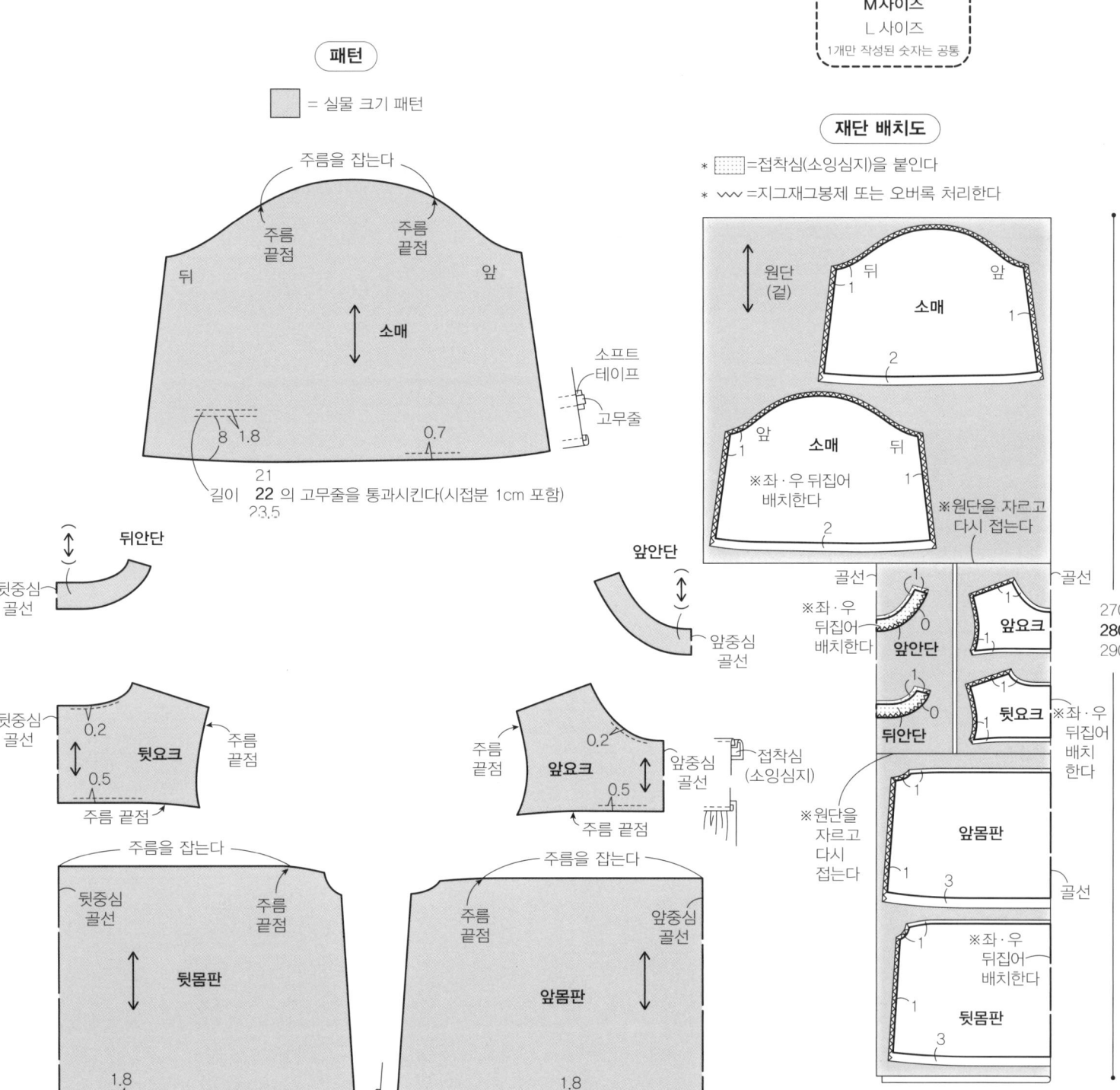

만드는 순서

1. 몸판에 요크를 단다 (p.35-1 참고)
2. 몸판의 어깨를 봉합한다 (p.35-2 참고)
3. 안단을 만든다 (p.35-3 참고)
4. 몸판에 안단을 단다 (p.35-4 참고)

만드는 방법

5 몸판의 옆선을 봉합한다

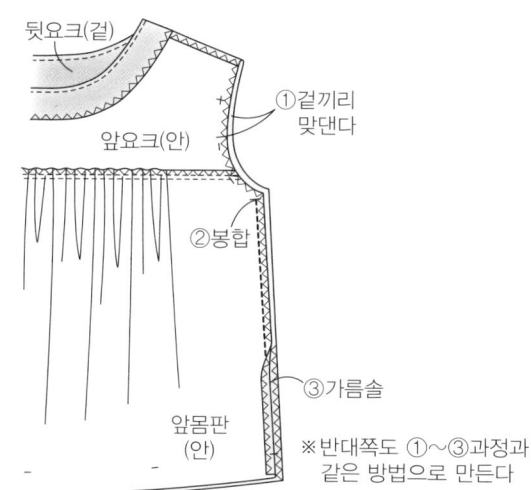

6 소매를 만든다

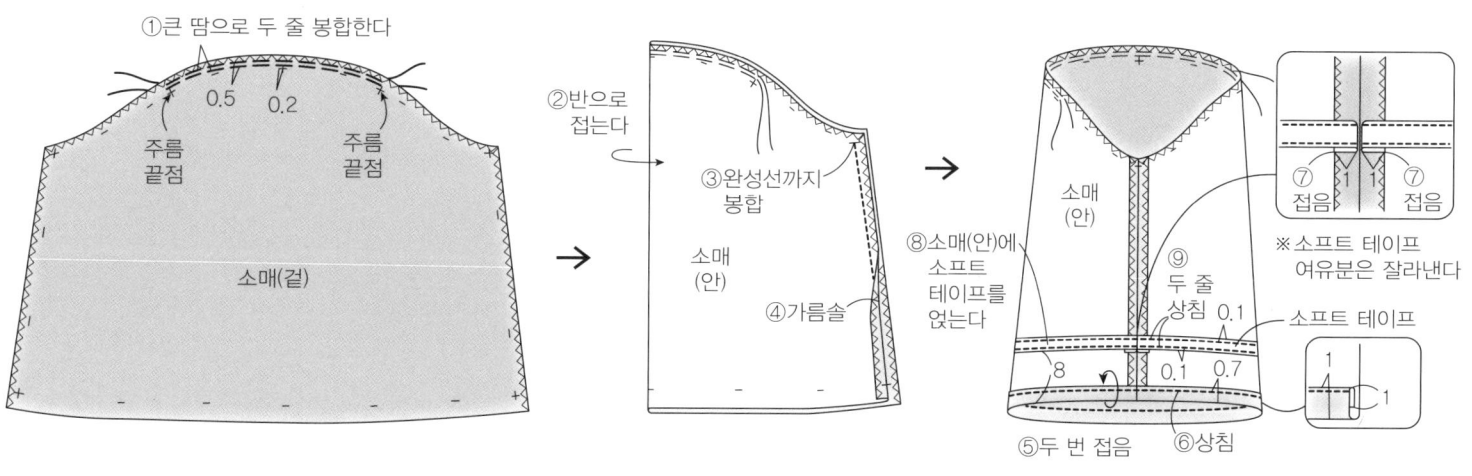

7 몸판에 소매를 단다

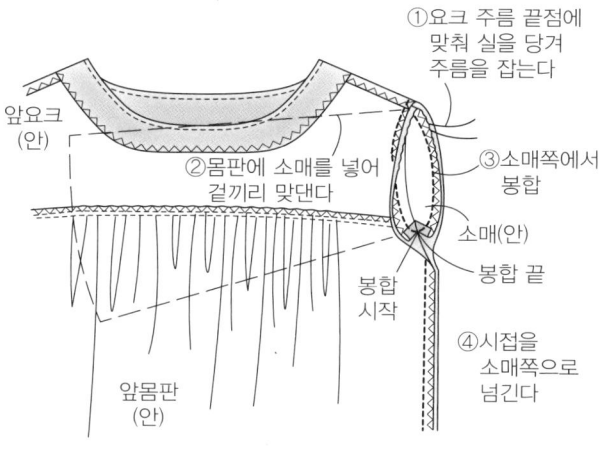

※ 반대쪽도 ①~④과정과 같은 방법으로 만든다

8 몸판의 밑단을 정리하고, 소매에 고무줄을 통과시킨다

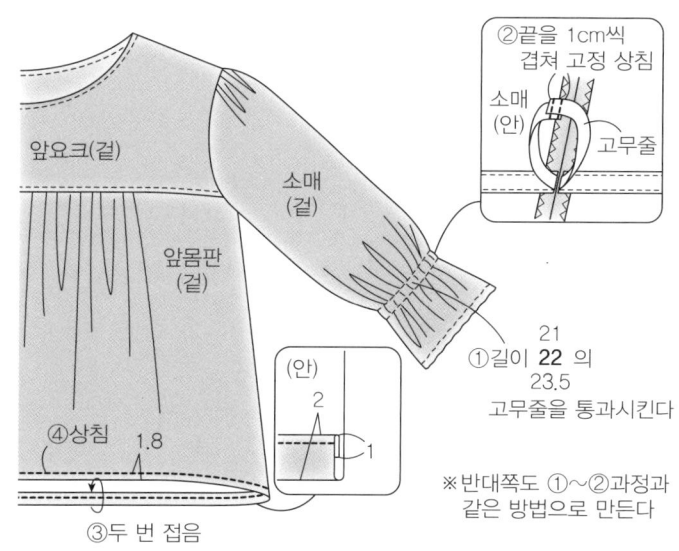

※ 반대쪽도 ①~②과정과 같은 방법으로 만든다

7 (p.6)

재료
겉감(타이프 라이터) …… 100cm폭 × 50cm
그로그랭 리본 …… 0.6cm폭 × 132cm

패턴 준비하기
* A면 **7**번 패턴을 사용합니다.
* 사용 패턴…겉・안칼라

패턴

= 실물 크기 패턴

겉・안칼라
(겉감 2장)

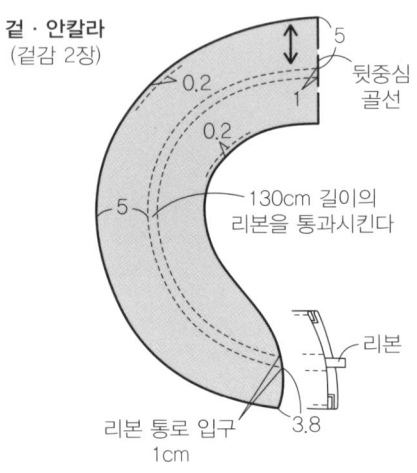

뒷중심 골선
130cm 길이의 리본을 통과시킨다
리본
리본 통로 입구 1cm
3.8

재단 배치도

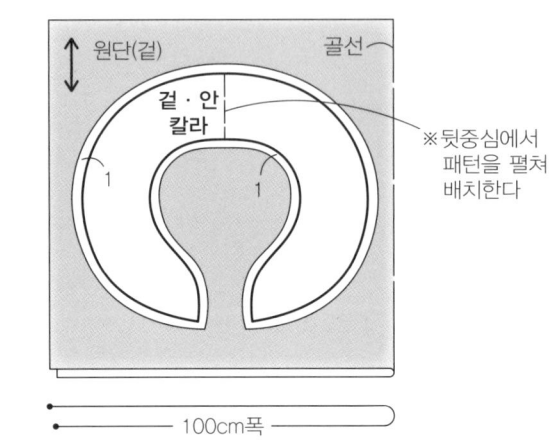

원단(겉)　골선
겉・안 칼라
50
※뒷중심에서 패턴을 펼쳐 배치한다
100cm폭

만드는 방법

1 겉·안칼라를 봉합한다

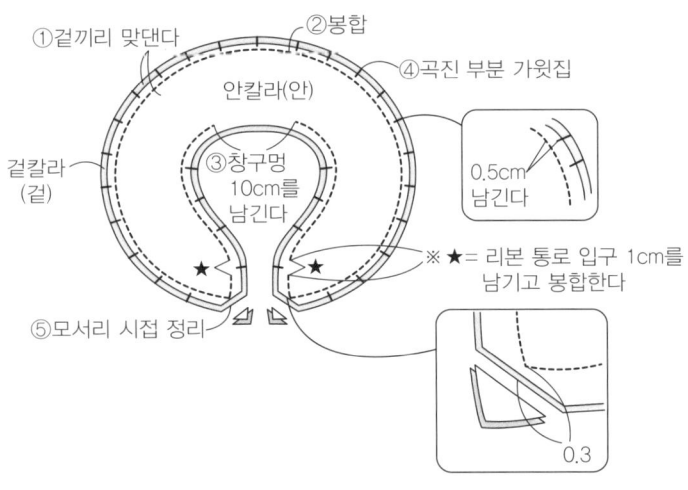

①겉끼리 맞댄다
②봉합
안칼라(안)
④곡진 부분 가윗집
③창구멍 10cm를 남긴다
0.5cm 남긴다
겉칼라(겉)
⑤모서리 시접 정리
※★= 리본 통로 입구 1cm를 남기고 봉합한다
0.3

⑤창구멍을 통해 겉으로 뒤집는다
⑥상침
⑦상침
겉칼라(겉)

2 리본 끝을 정리하고, 칼라에 통과시킨다

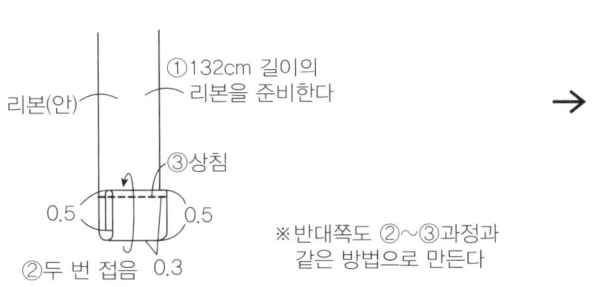

리본(안)
①132cm 길이의 리본을 준비한다
③상침
0.5　0.5
②두 번 접음　0.3
※반대쪽도 ②~③과정과 같은 방법으로 만든다

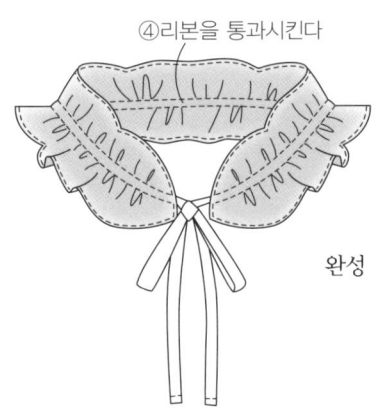

④리본을 통과시킨다
완성

9 (p.8) **10** (p.9)

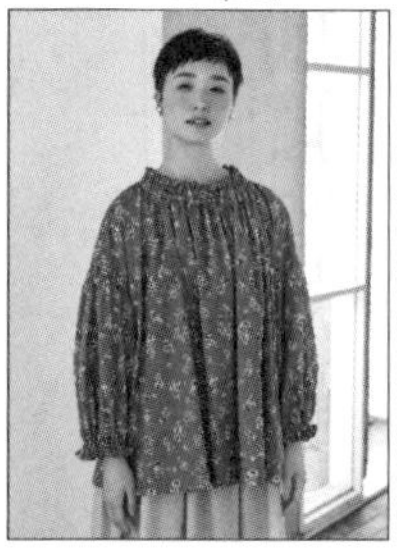

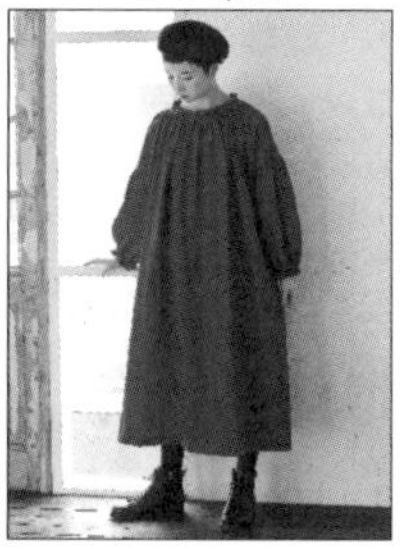

재료 9번 겉감(60수 론) …… 110cm폭 x 340cm(S) / **350cm(M)** / 360cm(L)
10번 겉감(리넨 캔버스 워셔) …… 130cm폭 x 440cm(S) / **450cm(M)** / 460cm(L)
고무줄 …… 1cm폭 x 163cm(S) / **172cm(M)** / 184.5cm(L)

사이즈 표시
S 사이즈
M사이즈
L 사이즈
1개만 작성된 숫자는 공통

패턴 준비하기
* A면 **9**번, **10**번 패턴을 사용합니다.
* 사용 패턴…앞 · 뒤몸판, 앞 · 뒤안단, 소매, 소매 밑단 안단
* **10**번의 앞 · 뒤몸판 패턴은 길이가 길어 분리하여 수록하였습니다. 맞춤점에 맞춰 한 장으로 연결해주세요.

완성 사이즈

단위: cm

사이즈	S	M	L
가슴 둘레	167	**176**	188
9번 옷길이	71.5	**74**	76
10번 옷길이	116.5	**120.5**	124

9번 · 10번 패턴

▭ = 실물 크기 패턴

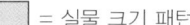

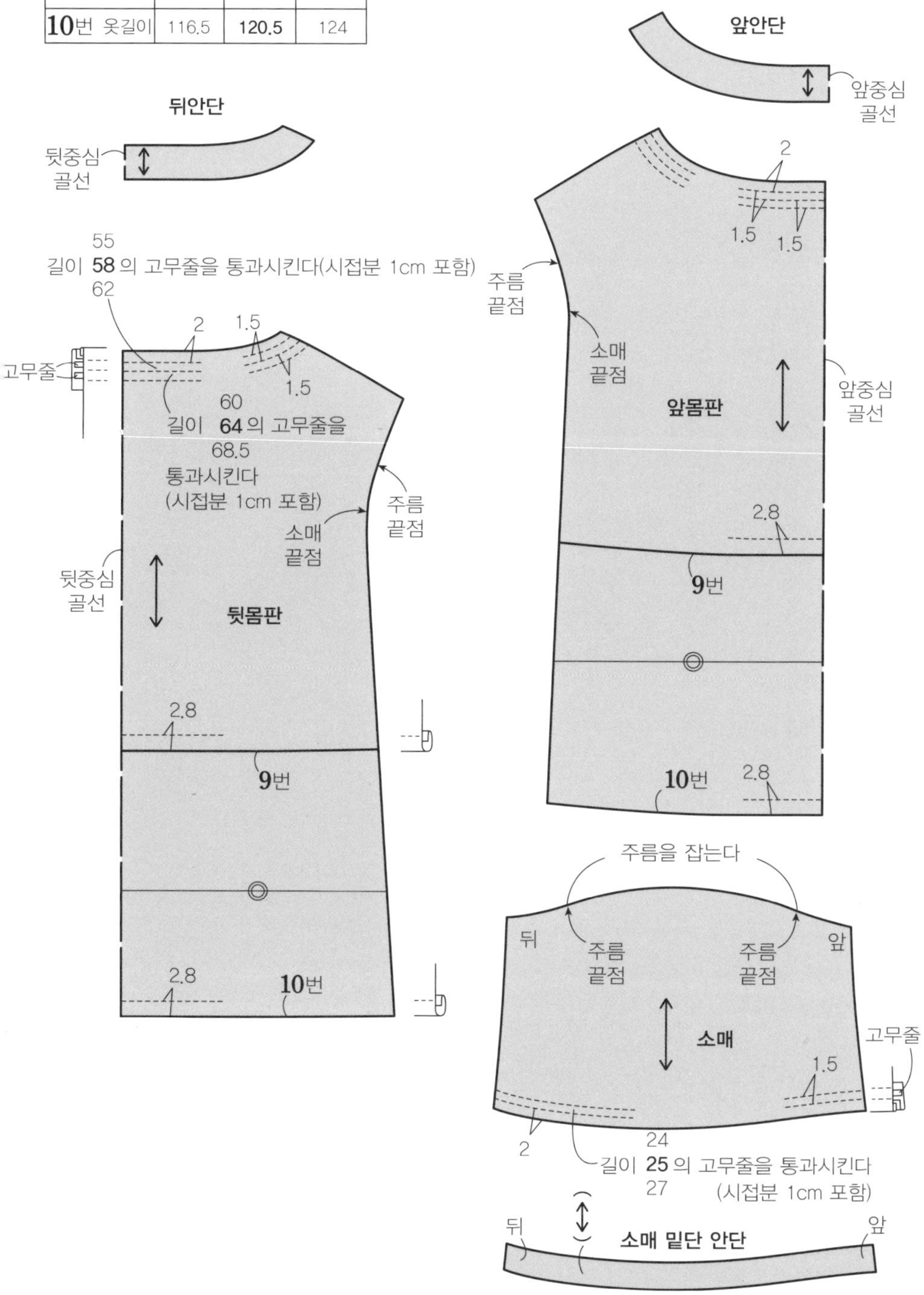

재단 배치도

* ﹏ =지그재그봉제 또는 오버록 처리한다

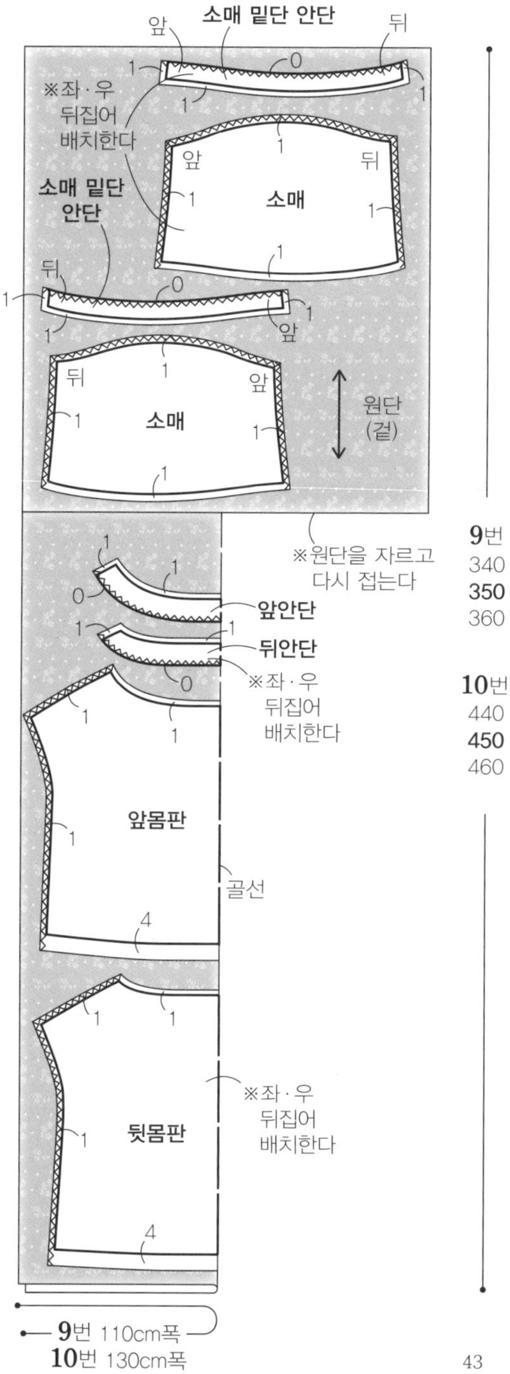

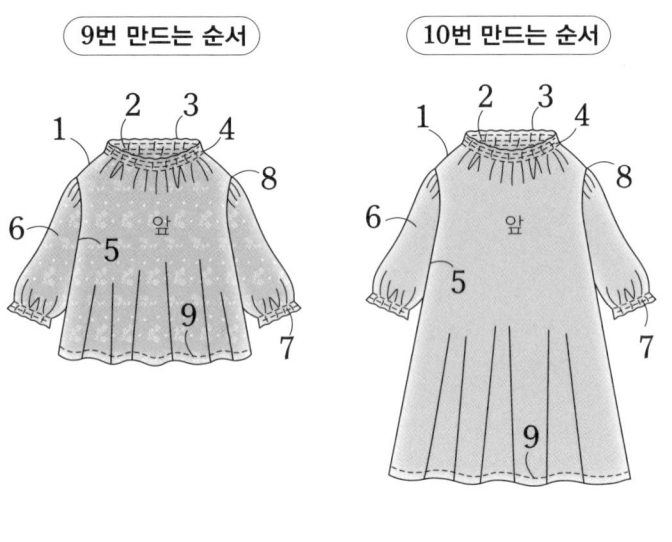

만드는 방법

1 몸판의 어깨를 봉합한다

2 안단을 만든다

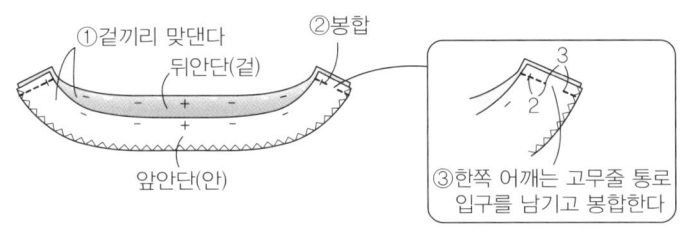

3 몸판에 안단을 단다

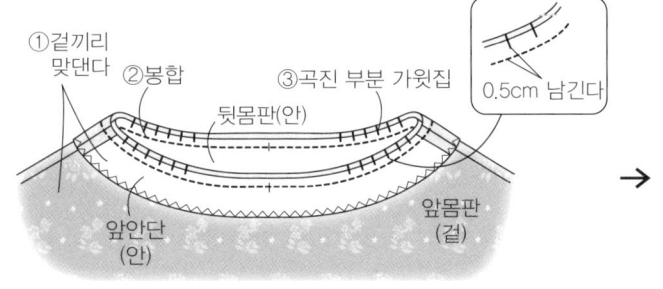

4 안단에 고무줄을 통과시킨다

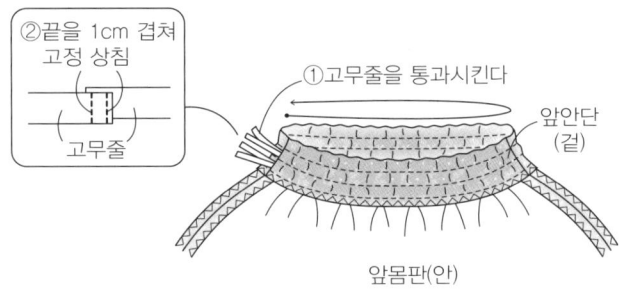

5 몸판의 옆선을 봉합한다

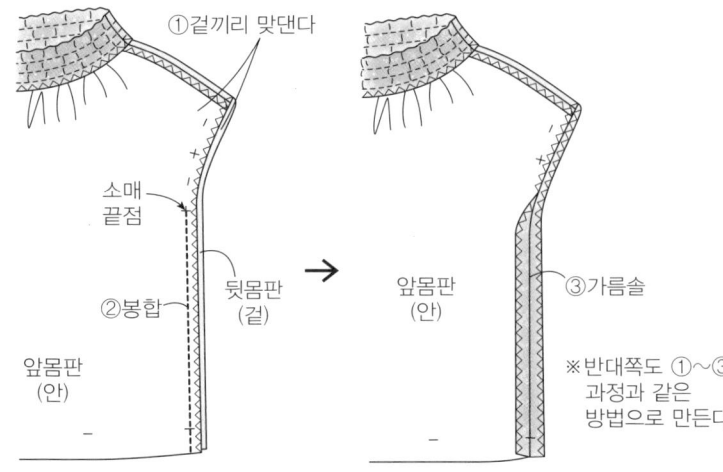

6 소매를 만든다

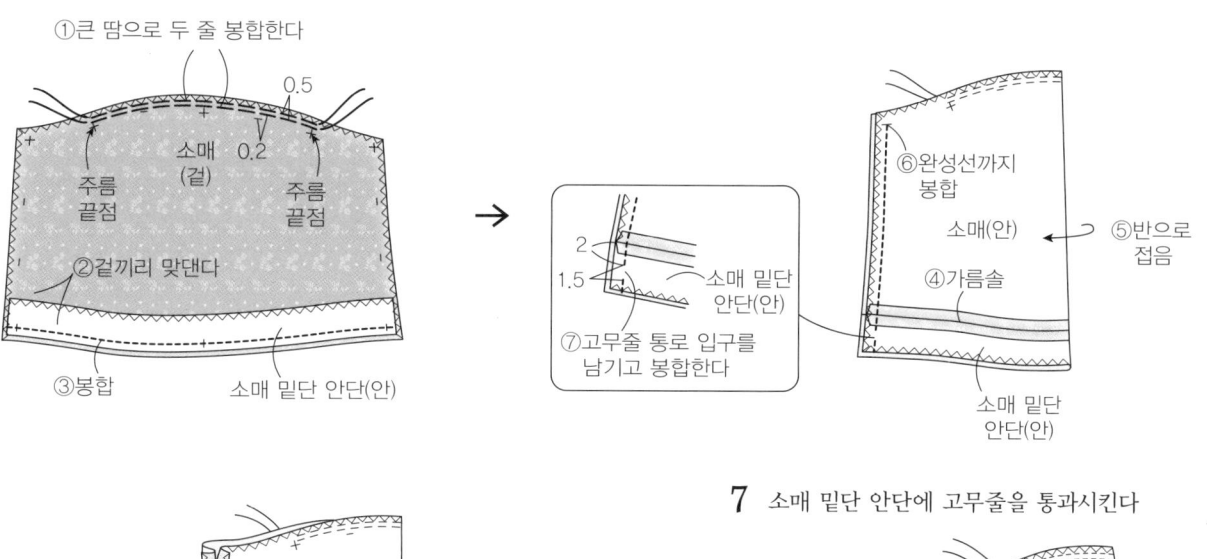

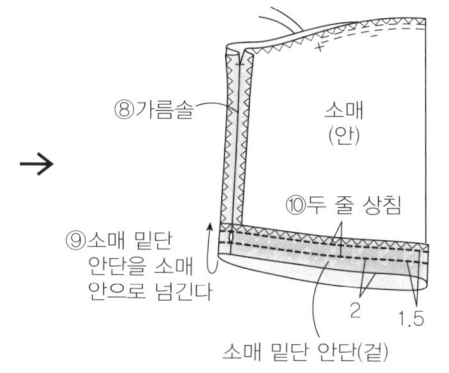

※반대쪽도 ①~⑩과정과 같은 방법으로 만든다

7 소매 밑단 안단에 고무줄을 통과시킨다

※반대쪽도 ①~②과정과 같은 방법으로 만든다

8 몸판에 소매를 단다

9 몸판의 밑단을 정리한다

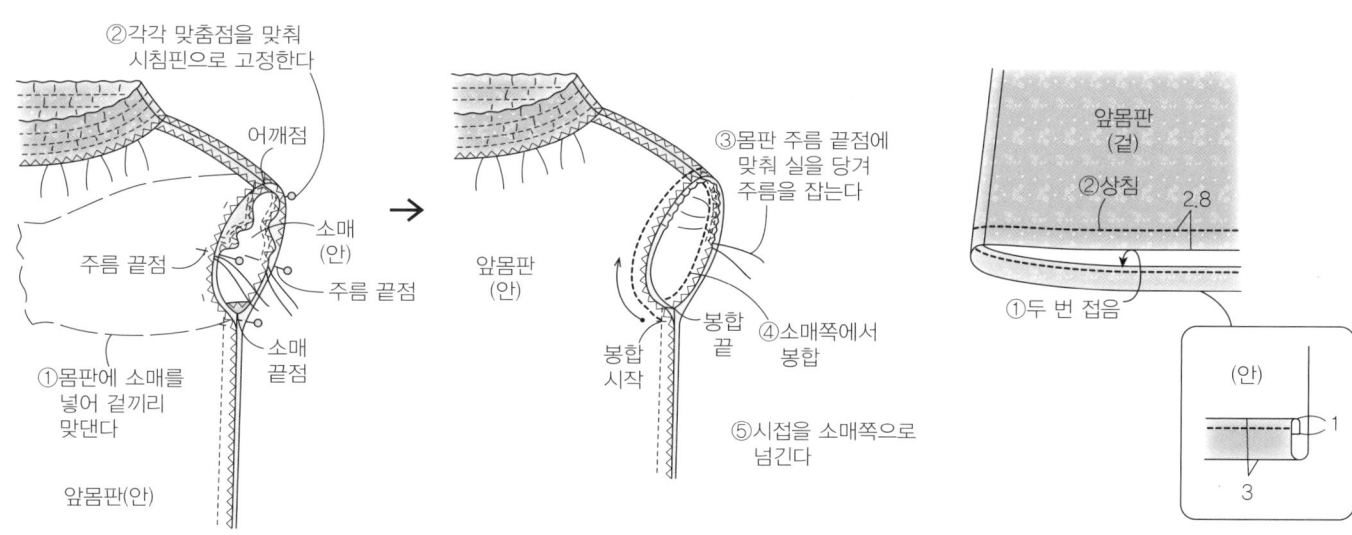

※반대쪽도 ①~⑤과정과 같은 방법으로 만든다

11 (p.10)

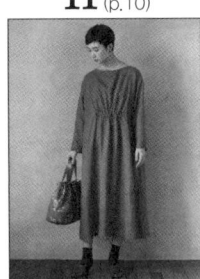

재료 겉감(고밀도 리넨) …… 142cm폭 x 320cm(S) / **340cm(M)** / 350cm(L)
접착심(소잉심지) …… 112cm폭 x 20cm
고무줄 …… 3cm폭 x 19cm(S) / **20cm(M)** / 21.5cm(L)

패턴 준비하기
* A면 **11**번 패턴을 사용합니다.
* 사용 패턴…앞 · 뒤몸판, 앞 · 뒤안단, 앞덧단, 소매
* 앞 · 뒤몸판 패턴은 길이가 길어 분리하여 수록하였습니다. 맞춤점에 맞춰 한 장으로 연결해주세요.

완성 사이즈

단위: cm

사이즈	S	M	L
가슴 둘레	117	**123**	132
옷길이	113	**116.5**	120.5

사이즈 표시
S 사이즈
M사이즈
L 사이즈
1개만 작성된 숫자는 공통

패턴

= 실물 크기 패턴

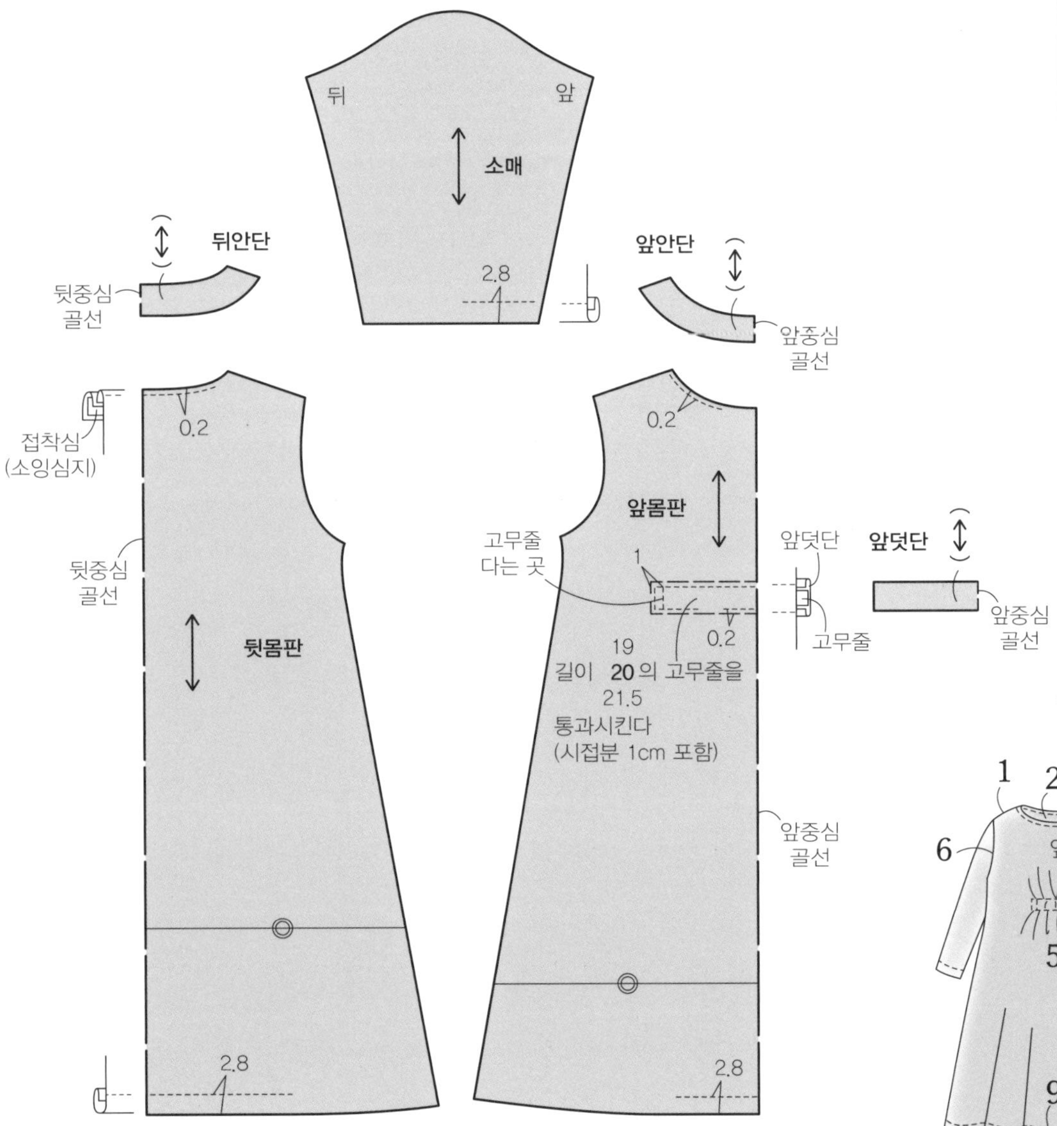

재단 배치도

* ▒ =접착심(소잉심지)을 붙인다
* ∿∿ =지그재그봉제 또는 오버록 처리한다

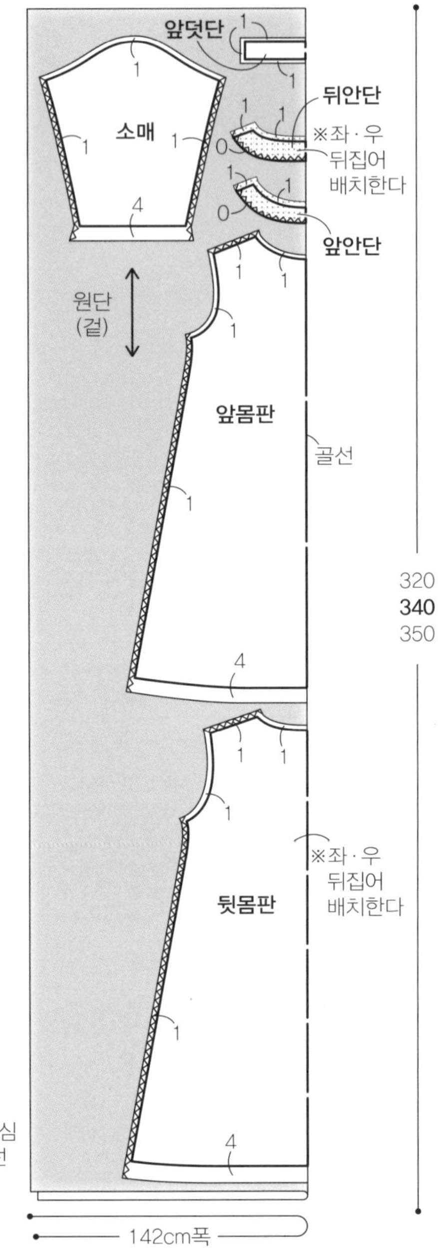

만드는 순서

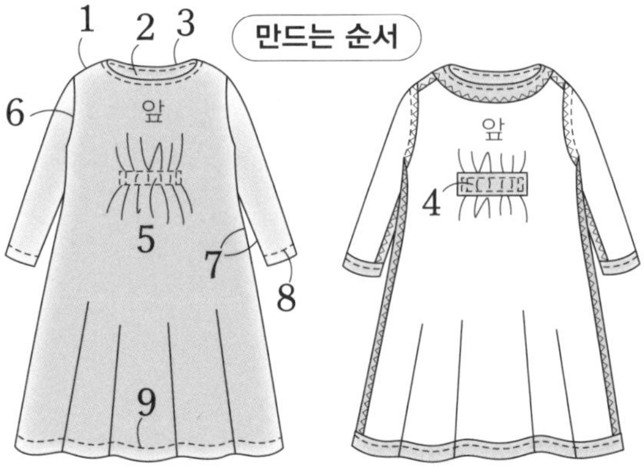

만드는 방법

1 몸판의 어깨를 봉합한다

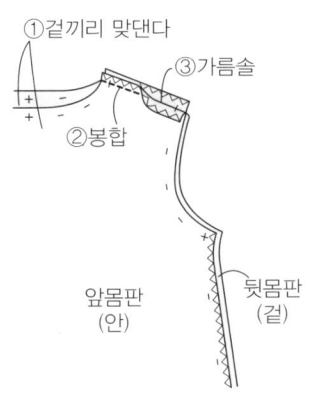

※반대쪽도 ①~③과정과 같은 방법으로 만든다

2 안단을 만든다

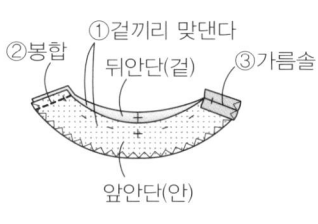

4 앞덧단을 만든다

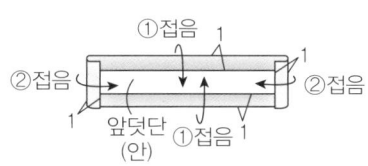

3 몸판에 안단을 단다

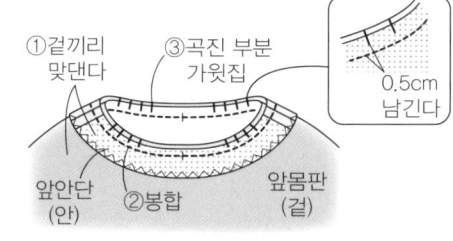

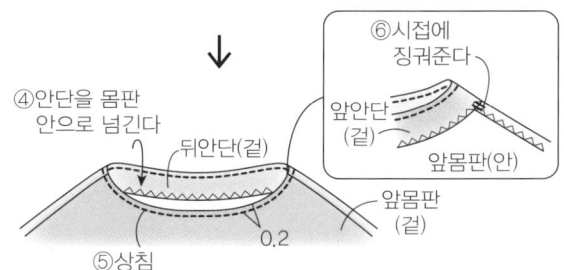

5 몸판에 앞덧단을 달고, 고무줄을 통과시킨다

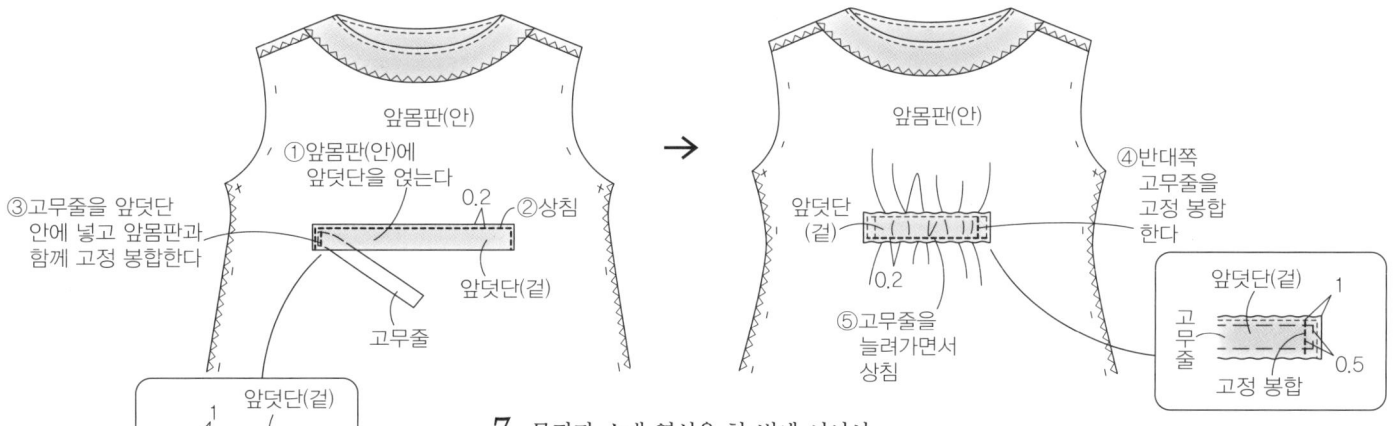

6 몸판에 소매를 단다

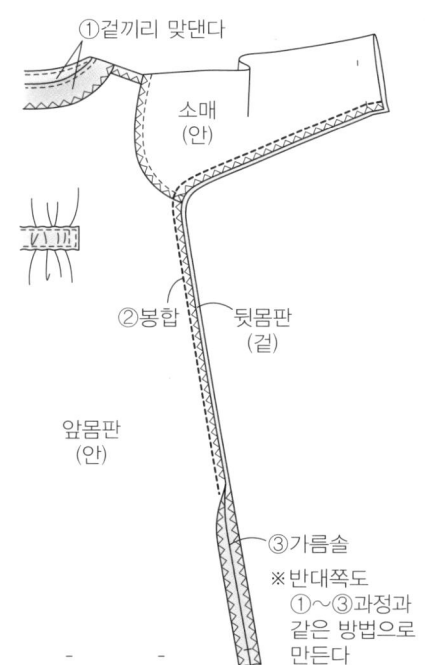

※반대쪽도 ①~④과정과 같은 방법으로 만든다

7 몸판과 소매 옆선을 한 번에 이어서 봉합한다

8 소매의 밑단을 정리한다

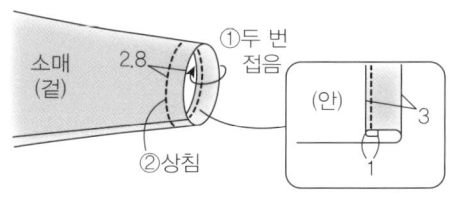

※반대쪽도 ①~②과정과 같은 방법으로 만든다

9 몸판의 밑단을 정리한다

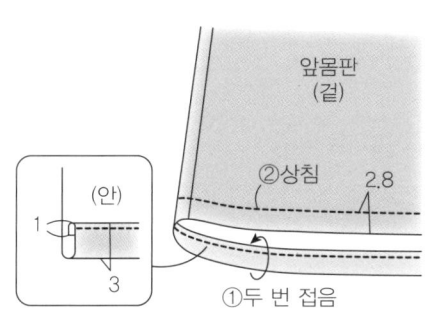

13 (p.12)

재료
겉감(소프트 브로드) …… 110cm폭 × 270cm(S) / **280cm(M)** / 320cm(L)
접착심(소잉심지) …… 112cm폭 × 20cm

패턴 준비하기 * A면 **13**번 패턴을 사용합니다.
* 사용 패턴…앞·뒤몸판, 앞·뒤안단, 소매

완성 사이즈 단위: cm

사이즈	S	M	L
가슴 둘레	117	123	132
옷길이	60	62	64

사이즈 표시
S 사이즈
M사이즈
L 사이즈
1개만 작성된 숫자는 공통

패턴 · 제도

▨ = 실물 크기 패턴

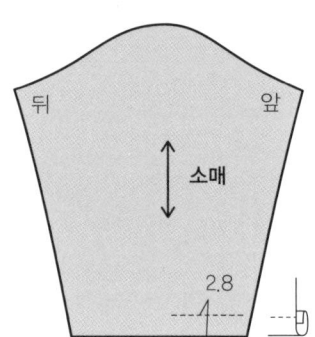

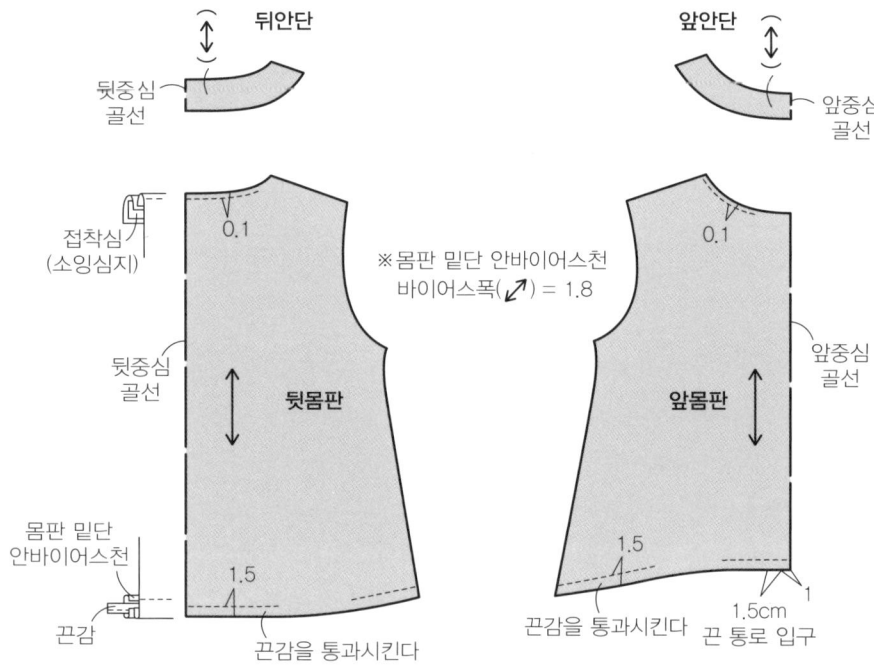

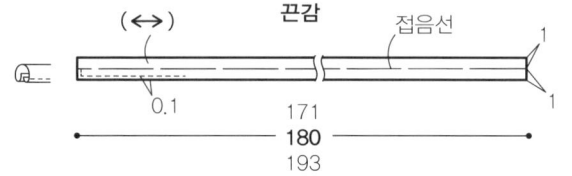

재단 배치도

* ▨ = 접착심(소잉심지)을 붙인다
* ∿∿ = 지그재그봉제 또는 오버록 처리한다
* 끈감, 몸판 밑단 안바이어스천은 직접 제도하여 사용합니다

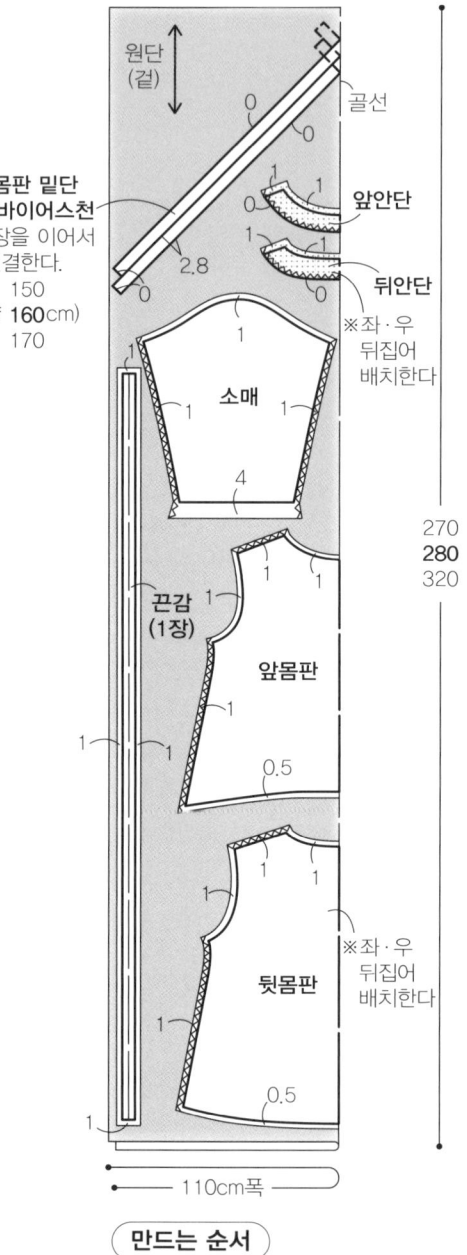

만드는 순서

1 몸판의 어깨를 봉합한다 (p.47-1 참고)
2 안단을 만든다 (p.47-2 참고)
3 몸판에 안단을 단다 (p.47-3 참고)
4 몸판에 소매를 단다 (p.47-6 참고)
5 몸판과 소매 옆선을 한 번에 이어서 봉합한다 (p.47-7 참고)
6 소매의 밑단을 정리한다 (p.47-8 참고)

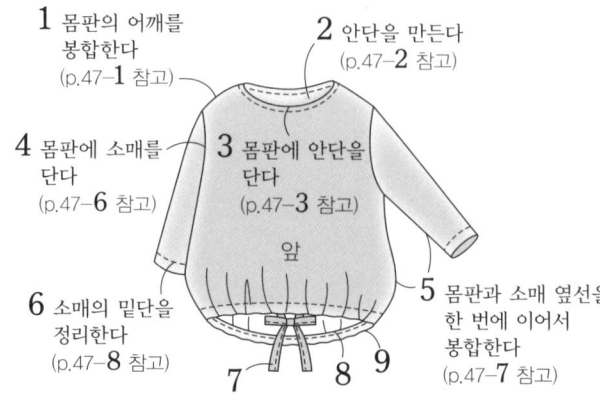

(만드는 방법) **7** 끈감을 만든다

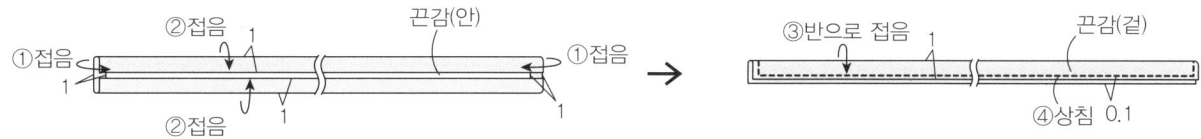

8 몸판 밑단 안바이어스천을 만든다

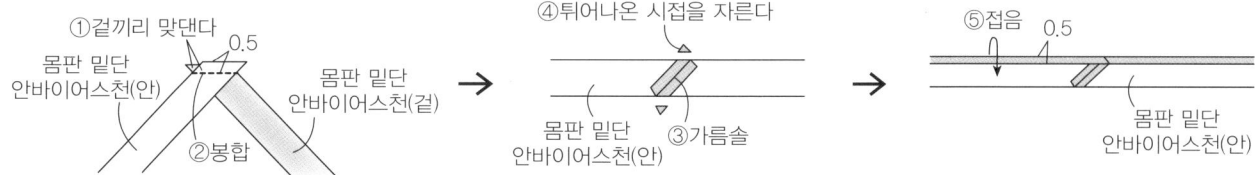

9 몸판에 몸판 밑단 안바이어스천을 달고, 끈감을 통과시킨다

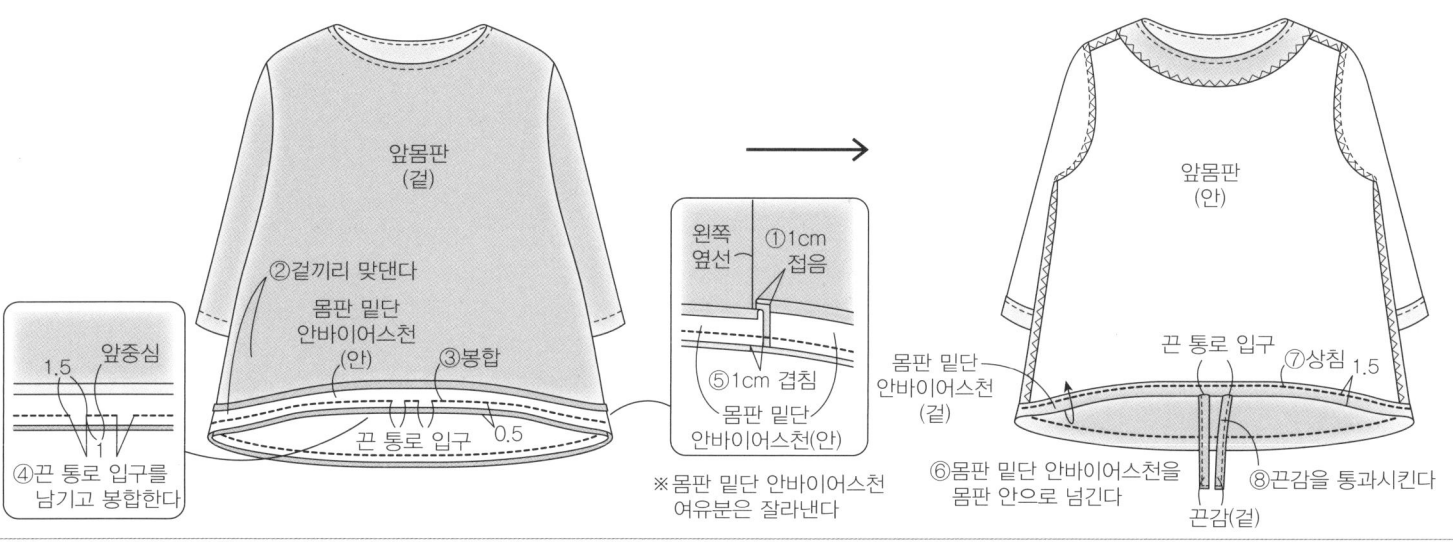

12 (p.11)

재료
- 겉감(코튼리넨) ······ 104cm폭 × 40cm
- 배색감(코튼) ······ 110cm폭 × 40cm
- 접착심(소잉심지) ······ 92cm폭 × 80cm
- 가죽끈 ······ 2.5cm폭 × 76cm

(제도)

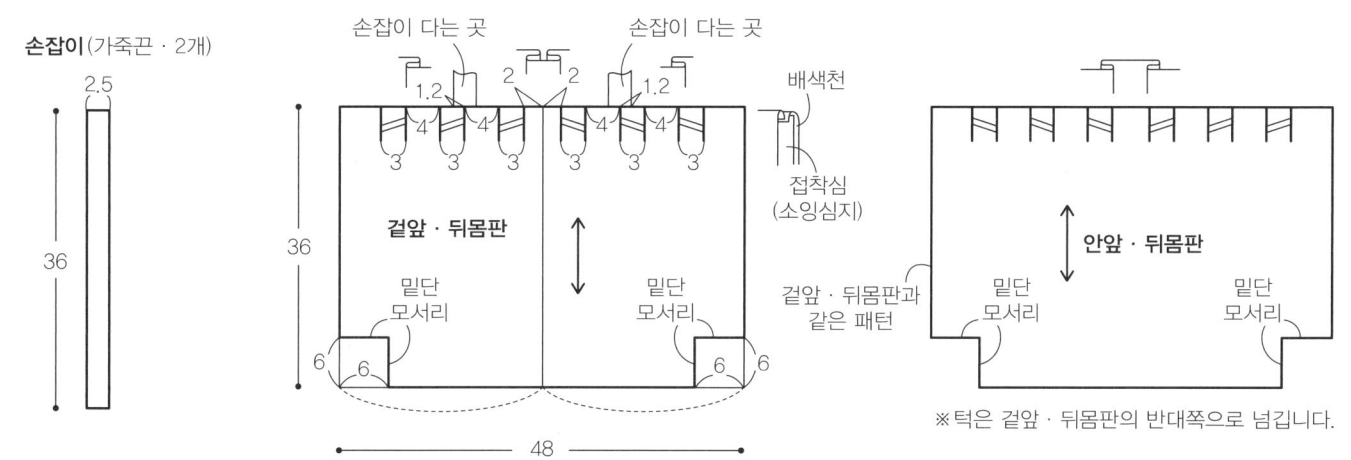

겉감 재단 배치도

* 직접 제도하여 사용합니다(p.49 참고)

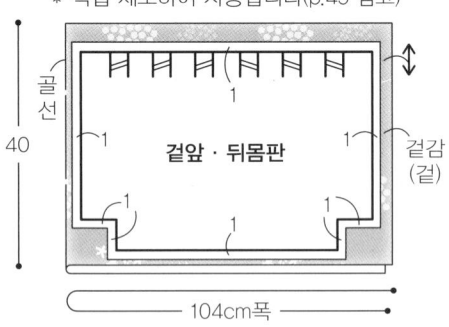

안감 재단 배치도

* ▨ =접착심(소잉심지)을 붙인다
* 직접 제도하여 사용합니다(p.49 참고)

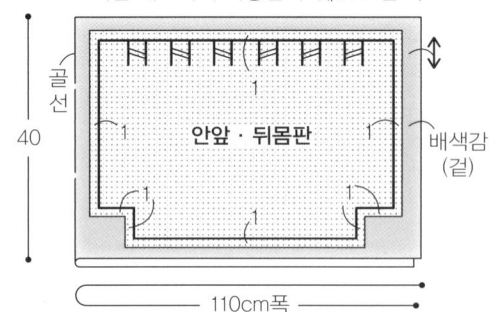

만드는 방법

1 겉몸판의 턱을 잡는다

※겉뒷몸판도 ①~②과정과 같은 방법으로 만든다

2 안몸판의 턱을 잡는다

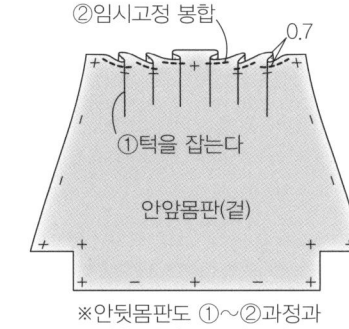

※안뒷몸판도 ①~②과정과 같은 방법으로 만든다

3 겉몸판에 손잡이를 단다

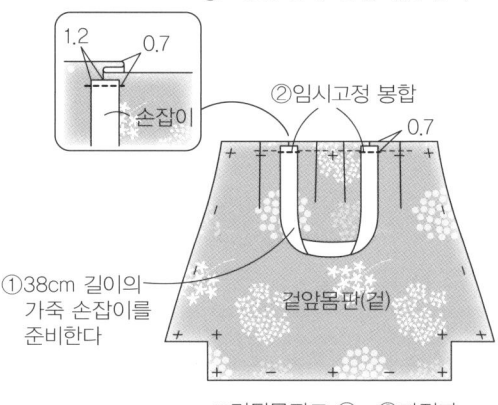

※겉뒷몸판도 ①~②과정과 같은 방법으로 만든다

4 겉몸판을 만든다

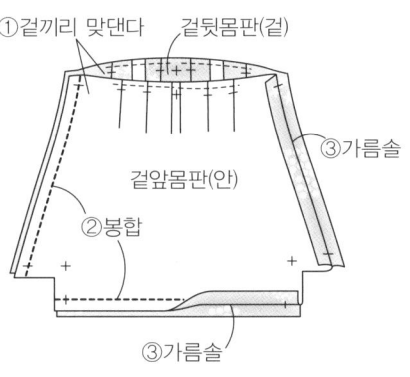

5 안몸판을 만든다

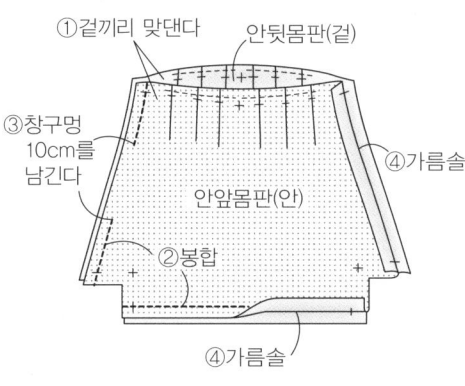

6 겉·안몸판의 밑단 모서리를 정리한다

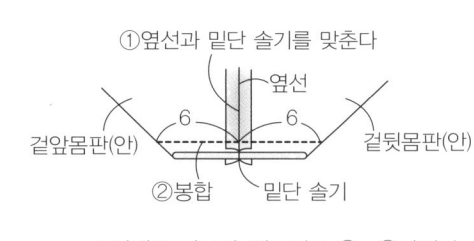

※반대쪽 겉몸판, 안몸판도 ①~②과정과 같은 방법으로 만든다

7 겉·안몸판을 연결한다

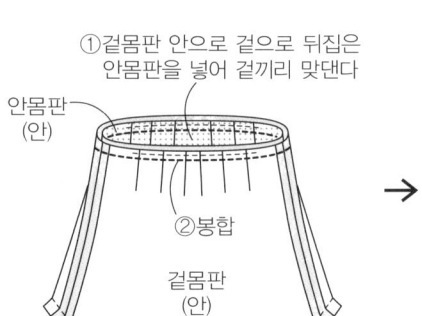

완성

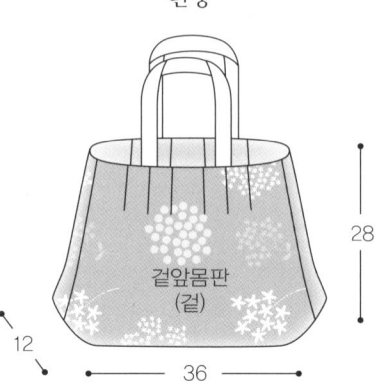

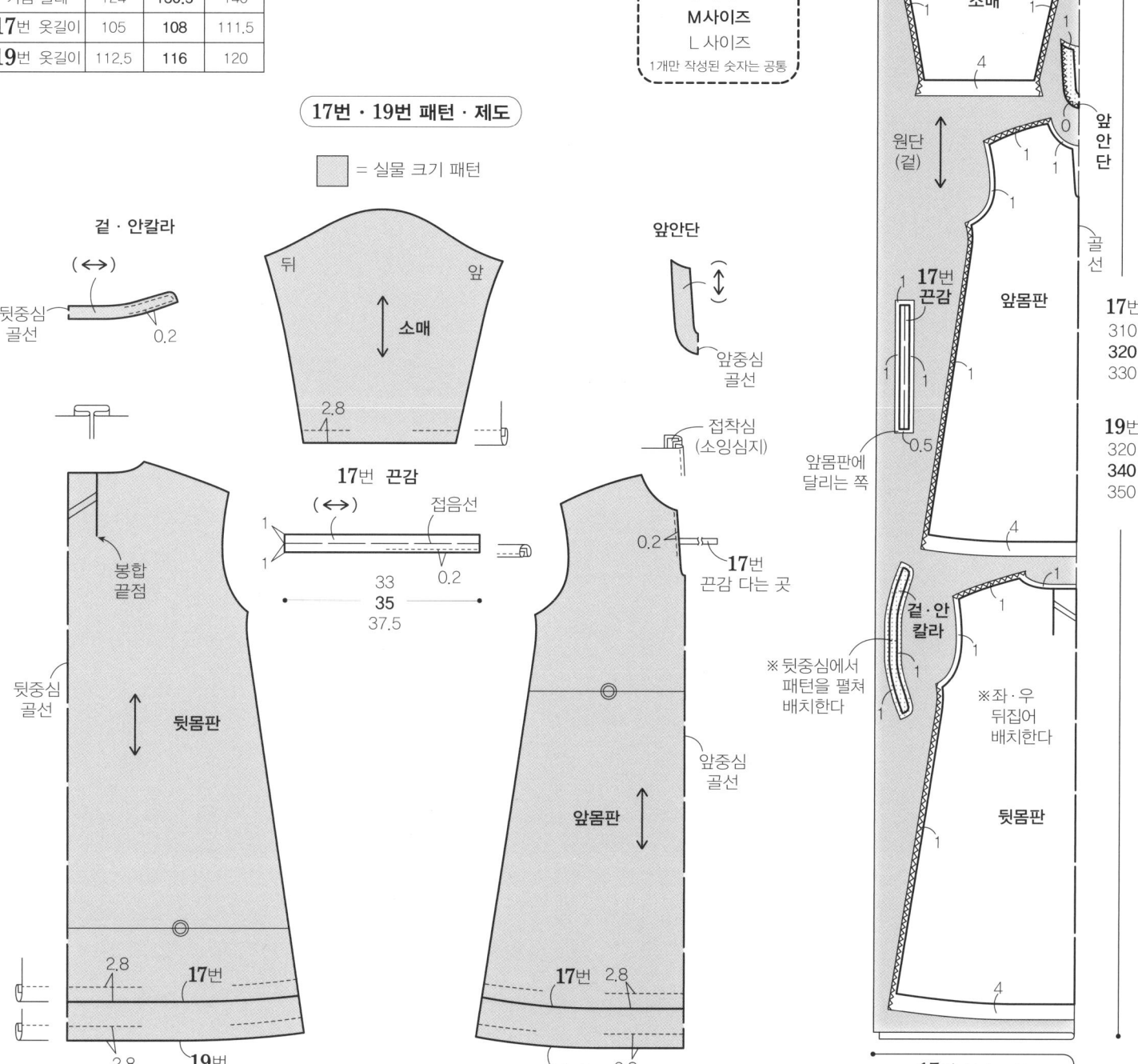

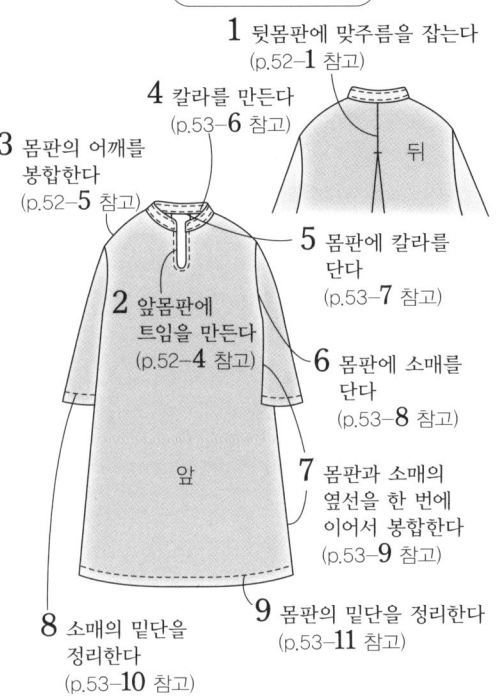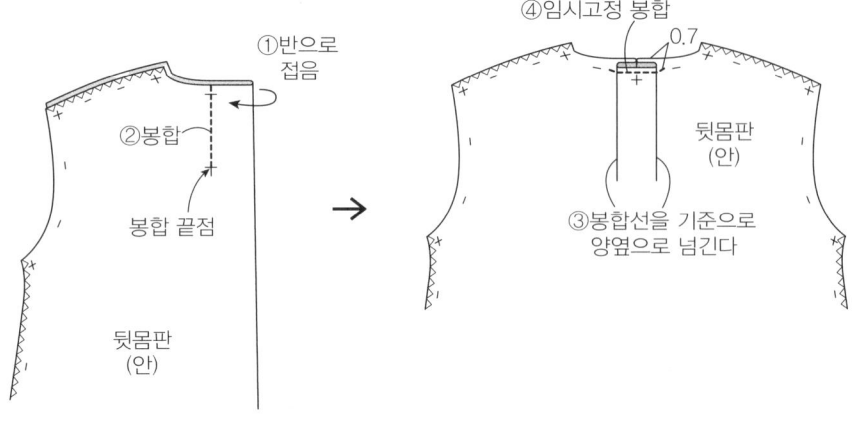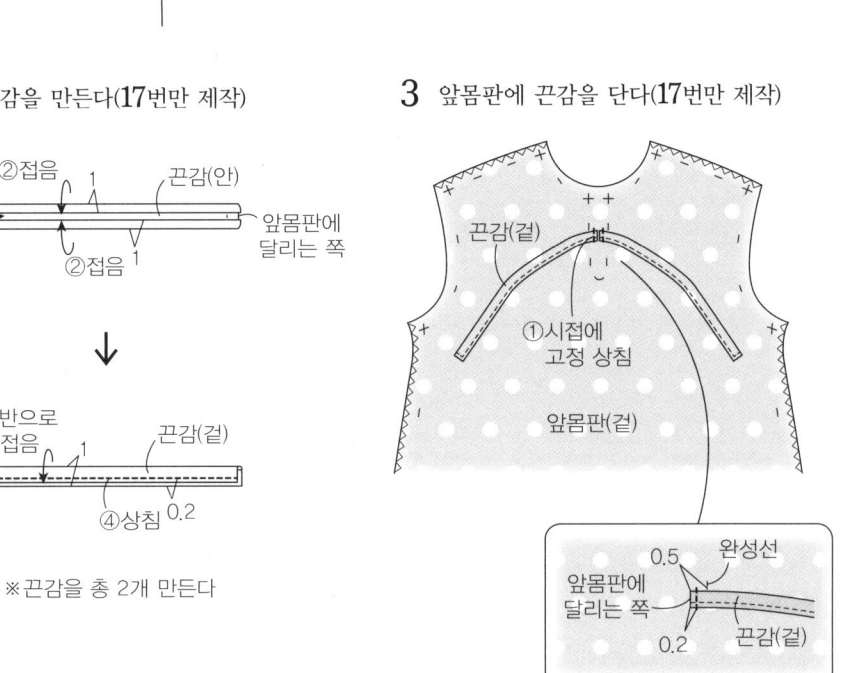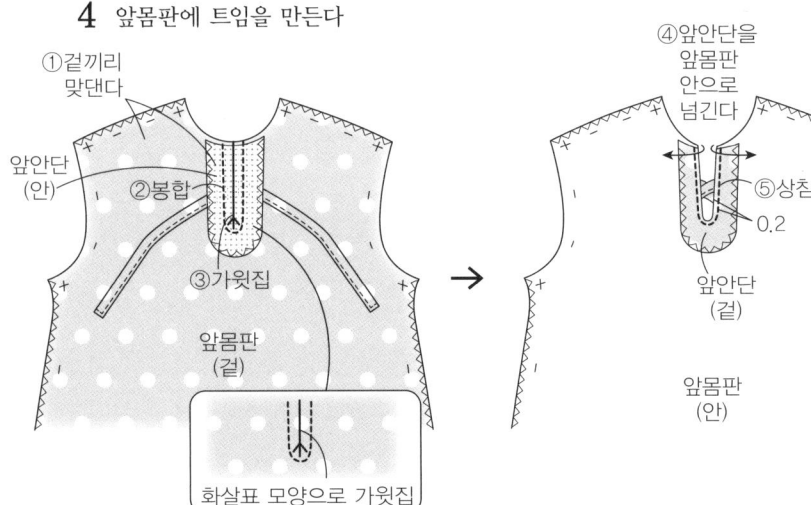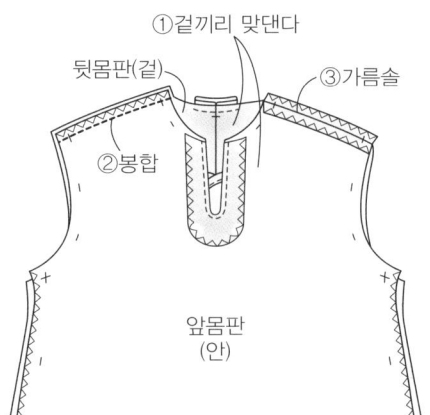

6 칼라를 만든다

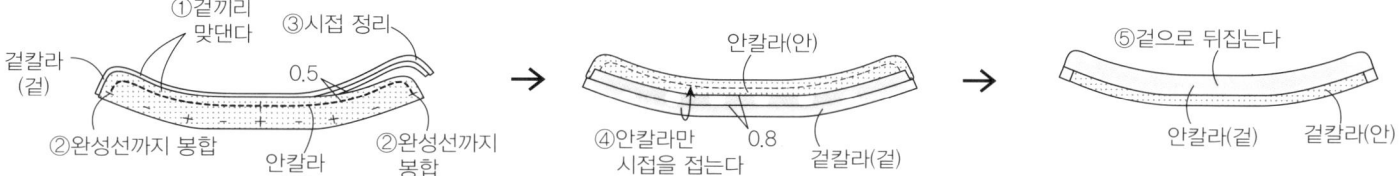

7 몸판에 칼라를 단다

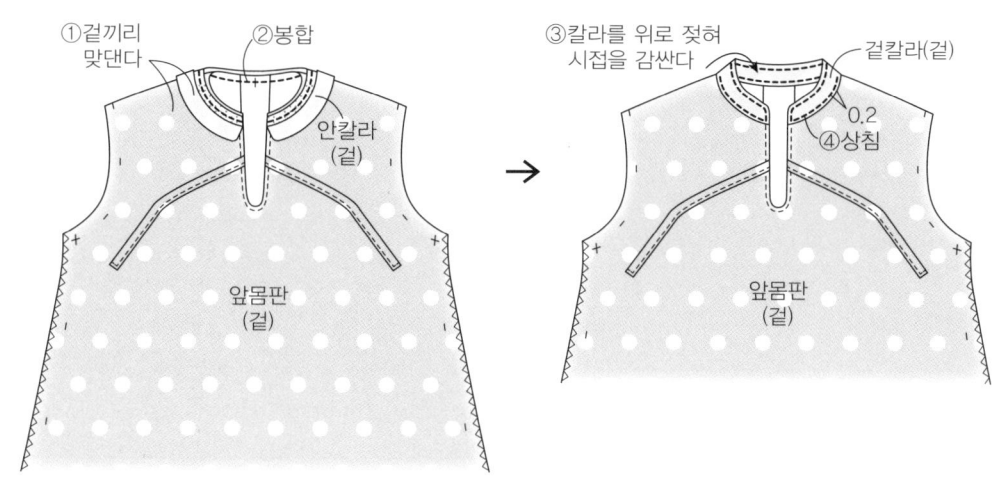

8 몸판에 소매를 단다

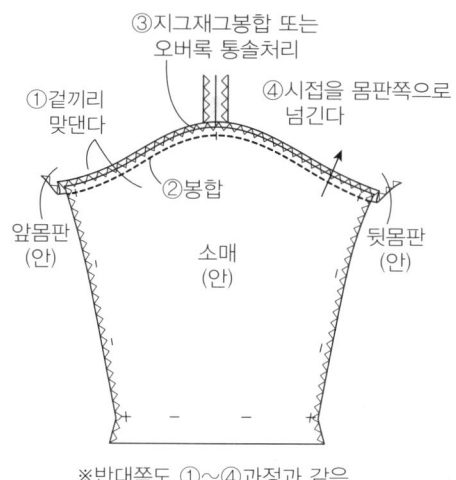

9 몸판과 소매의 옆선을 한 번에 이어서 봉합한다

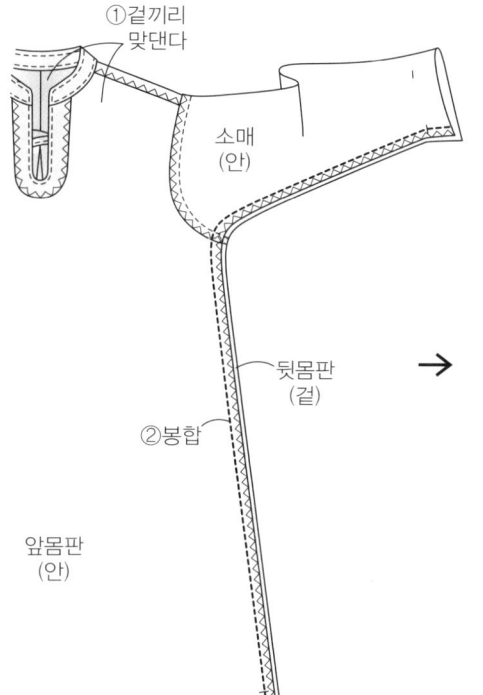

10 소매의 밑단을 정리한다

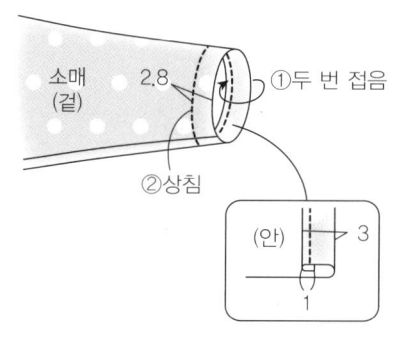

11 몸판의 밑단을 정리한다

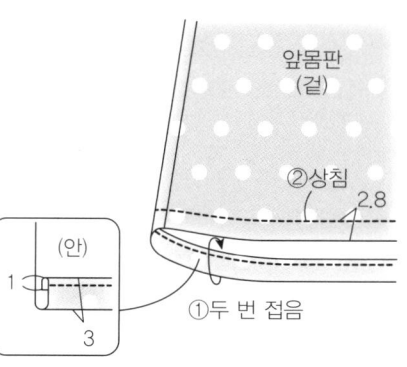

16 (p.14)

재료
- 겉감(코듀로이) …… 110cm폭 x 360cm(S) / **380cm(M)** / 390cm(L)
- 접착심(소잉심지) …… 112cm폭 x 120cm(S) / **130cm(M)** / 130cm(L)
- 단추 …… 1cm폭 x 11개

패턴 준비하기
* B면 **16**번 패턴을 사용합니다.
* 사용 패턴…앞·뒤몸판, 뒷요크, 앞·뒤안단, 앞·뒤끈통로감, 소매, 앞·뒤커프스
* 앞·뒤몸판 패턴은 길이가 길어 분리하여 수록하였습니다. 맞춤점에 맞춰 한 장으로 연결해주세요.
* 뒷몸판 패턴은 뒷몸판과 뒷요크를 맞춤점에 맞춰 한 장으로 베껴서 사용해 주세요.

완성 사이즈 (단위: cm)

사이즈	S	M	L
가슴 둘레	117	123	132
옷길이	118	122	125.5

사이즈 표시
S 사이즈
M사이즈
L 사이즈
1개만 작성된 숫자는 공통

패턴·제도

□ = 실물 크기 패턴

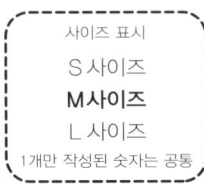

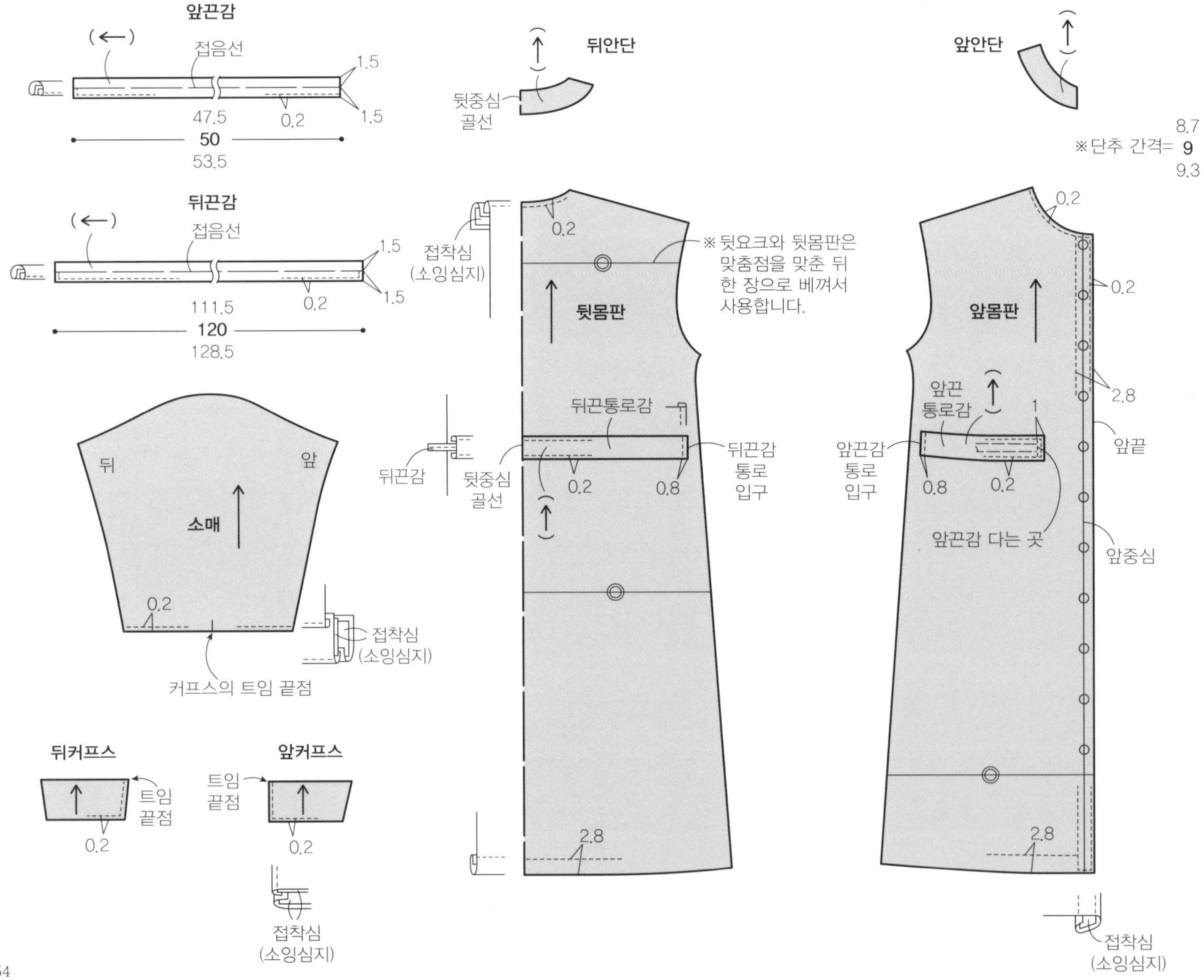

앞끈감
- 접음선
- 47.5 / 50 / 53.5
- 1.5, 0.2, 1.5

뒤끈감
- 접음선
- 111.5 / 120 / 128.5
- 1.5, 0.2, 1.5

뒤안단 — 뒷중심 골선

앞안단
- 8.7 / ※단추 간격= **9** / 9.3

소매 — 뒤 / 앞 / 0.2 / 커프스의 트임 끝점 / 접착심(소잉심지)

뒤커프스 — 트임 끝점 / 0.2

앞커프스 — 트임 끝점 / 0.2 / 접착심(소잉심지)

뒷몸판
- 0.2
- 접착심(소잉심지)
- ※뒷요크와 뒷몸판은 맞춤점을 맞춘 뒤 한 장으로 베껴서 사용합니다.
- 뒤끈통로감
- 뒤끈감
- 뒷중심 골선
- 0.2, 0.8
- 뒤끈감 통로 입구
- 2.8

앞몸판
- 0.2
- 앞끈 통로감
- 앞끈감 통로 입구
- 0.8, 0.2, 1
- 앞끈감 다는 곳
- 앞끝
- 앞중심
- 2.8
- 2.8
- 접착심(소잉심지)

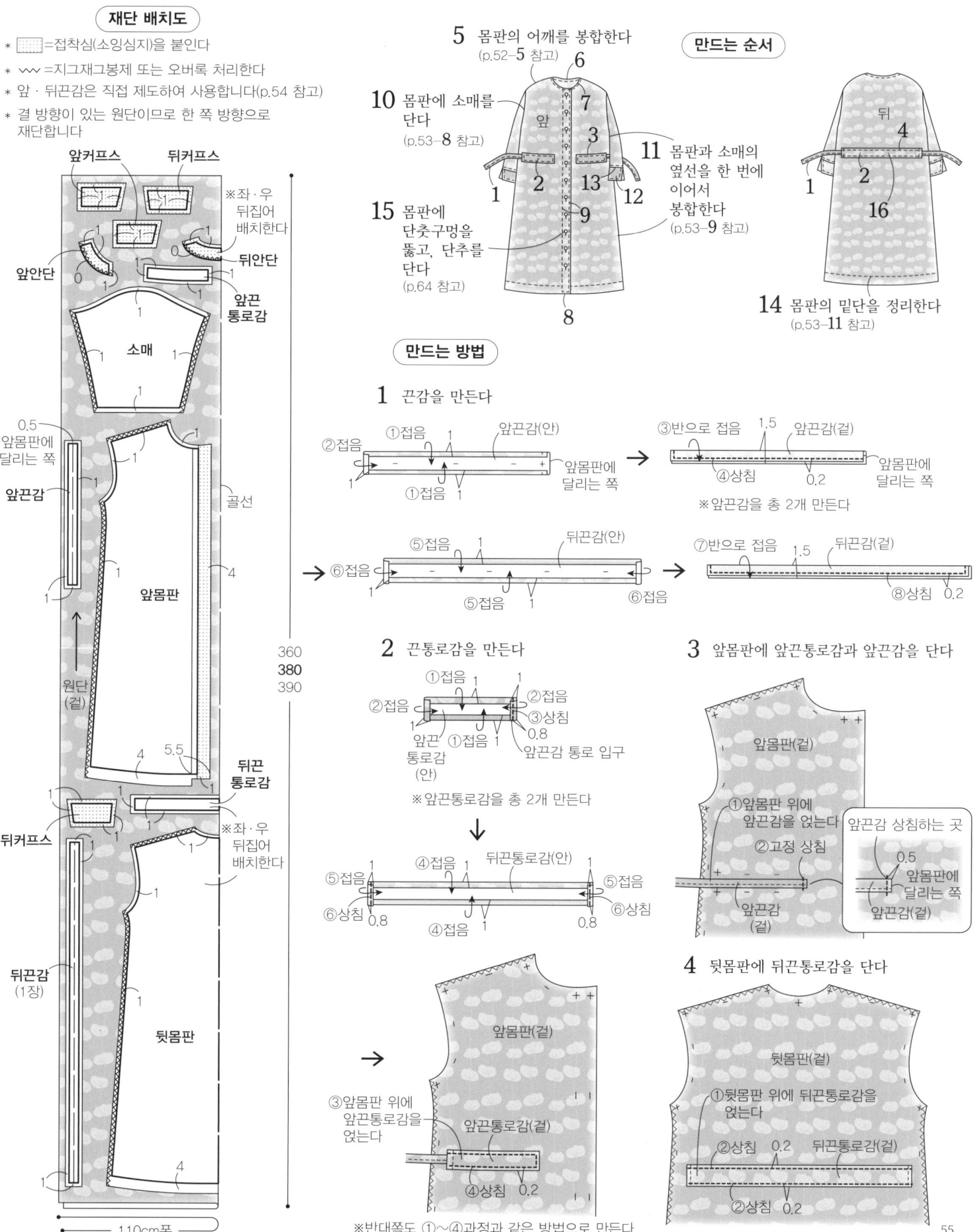

6 안단을 만든다

7 몸판에 안단을 단다

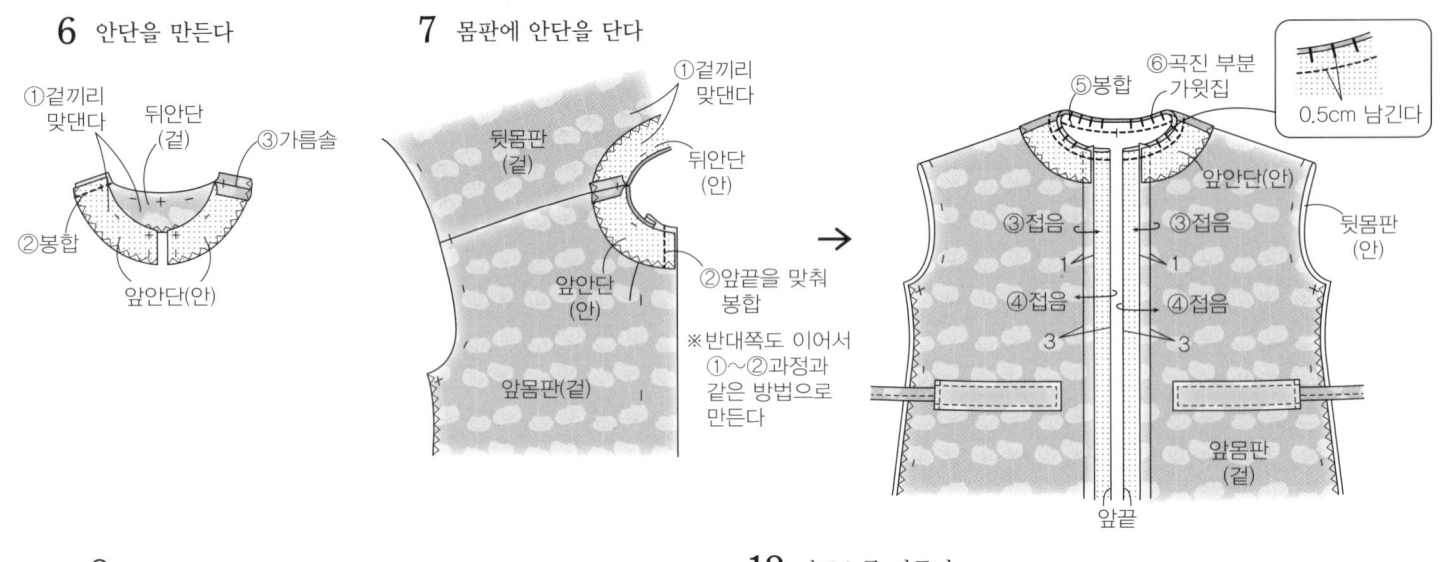

8 앞끝의 밑단을 정리한다

12 커프스를 만든다

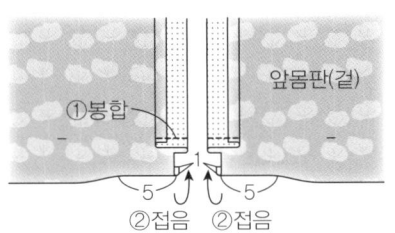

9 안단과 몸판의 앞끝을 정리한다

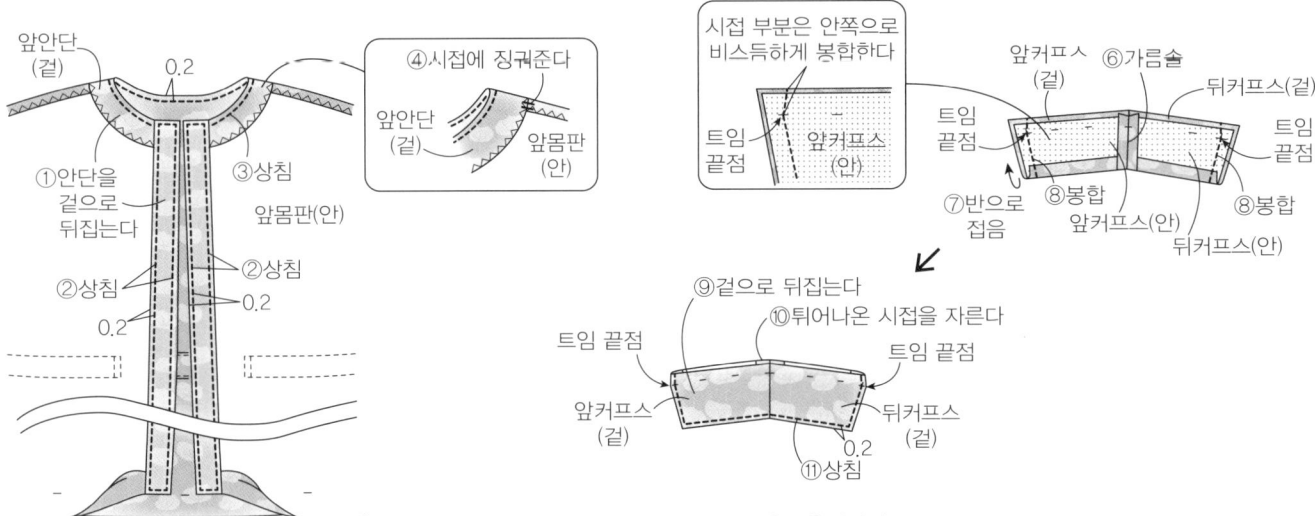

13 소매에 커프스를 단다

16 뒤끈통로감에 뒤끈감을 통과시킨다

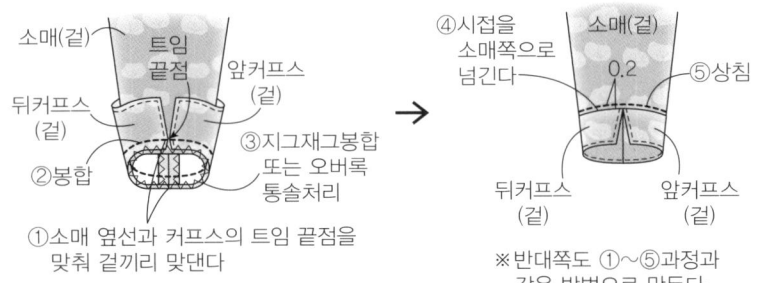
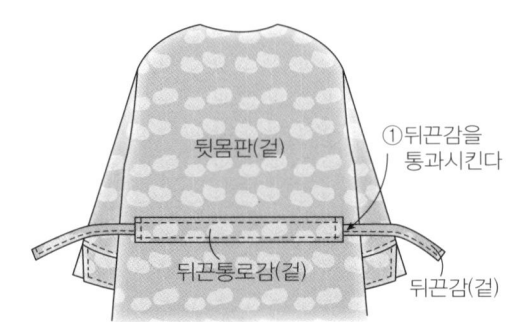

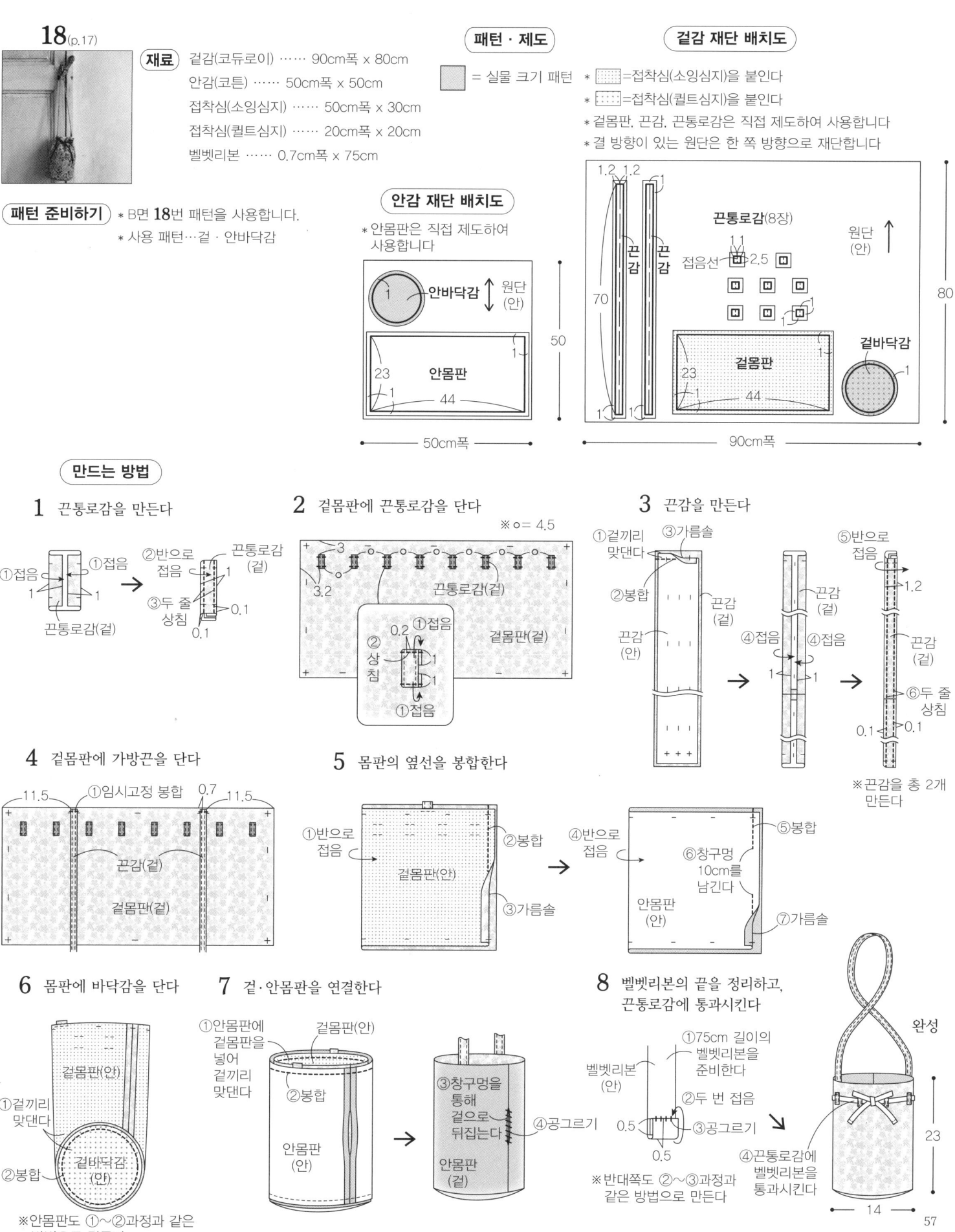

24 (p.20)

재료
- 겉감(리넨) ······ 142cm폭 x 330cm(S) / **350cm(M)** / 360cm(L)
- 접착심(소잉심지) ······ 112cm폭 x 120cm(S) / **130cm(M)** / 130cm(L)
- 단추 ······ 1cm폭 x 12개

패턴 준비하기
- B면 24번 패턴을 사용합니다.
- 사용 패턴···앞·뒤몸판, 뒷요크, 소매, 겉·안칼라, 앞·뒤커프스
- 앞·뒤몸판 패턴은 길이가 길어 분리하여 수록하였습니다. 맞춤점에 맞춰 한 장으로 연결해주세요.

완성 사이즈
단위: cm

사이즈	S	M	L
가슴 둘레	126.5	133	142.5
옷길이	118	122	125.5

사이즈 표시
S 사이즈
M 사이즈
L 사이즈
1개만 작성된 숫자는 공통

만드는 순서

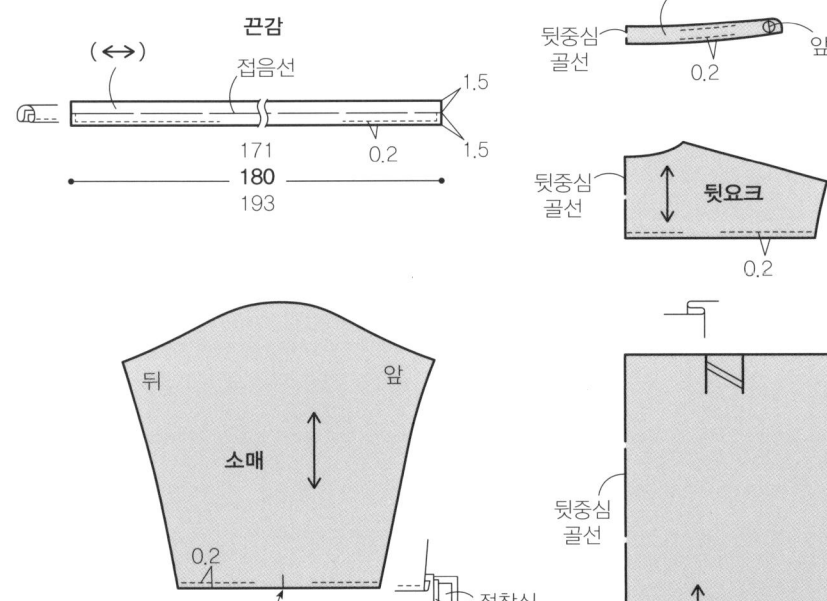

3 몸판의 어깨를 봉합한다 (p.52-5 참고)
6 칼라를 만든다 (p.53-6 참고)
8 몸판에 소매를 단다 (p.53-8 참고)
14 몸판에 단춧구멍을 뚫고, 단추를 단다 (p.64 참고)
15 실루프를 만들어 몸판에 단다 (p.66-10 참고)
13 끈감을 만든다 (p.66-9 참고)
7 몸판에 칼라를 단다 (p.53-7 참고)
12 소매에 커프스를 단다 (p.56-13 참고)
11 커프스를 만든다 (p.56-12 참고)

패턴·제도

= 실물 크기 패턴

끈감
접음선
171 0.2 1.5 1.5
180
193

겉·안칼라
뒷중심 골선 앞중심
0.2

뒷요크
뒷중심 골선
0.2

소매
0.2
커프스의 트임 끝점
접착심 (소잉심지)

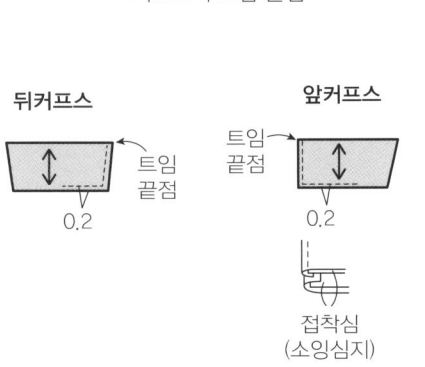

뒤커프스 / 앞커프스
트임 끝점
0.2
접착심 (소잉심지)

뒷몸판
뒷중심 골선
트임 끝점 0.8
2.8

앞몸판
※단추 간격= 8.7 / **9** / 9.3
0.2
2.8
앞끝
실루프 다는 곳 (실루프 길이 2.5cm)
앞중심
트임 끝점 0.8
2.8
접착심 (소잉심지)

재단 배치도

* ▨ =접착심(소잉심지)을 붙인다
* 〰 =지그재그봉제 또는 오버록 처리한다
* 끈감은 직접 제도하여 사용합니다(p.58 참고)

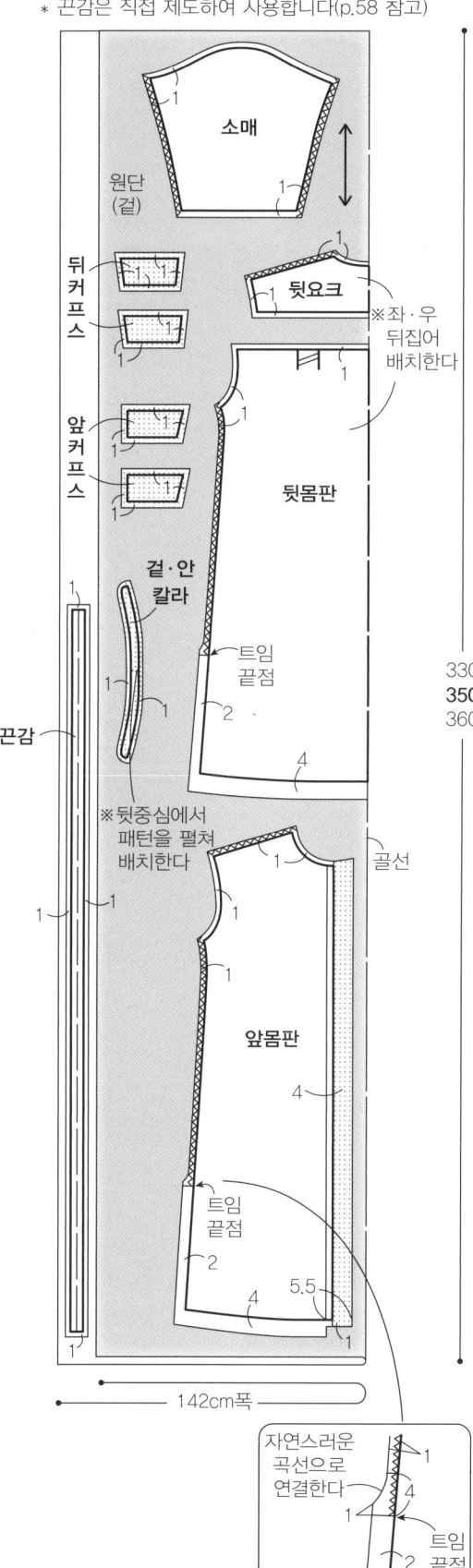

만드는 방법

1 뒷몸판에 턱을 잡는다

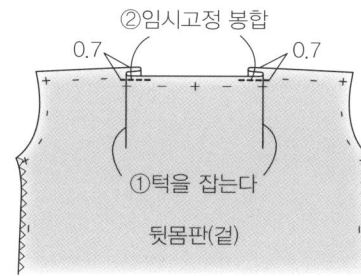

2 뒷몸판에 뒷요크를 단다

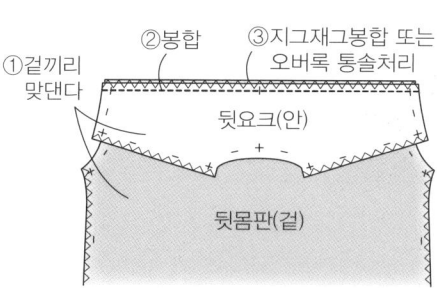

4 앞끝의 밑단을 정리한다

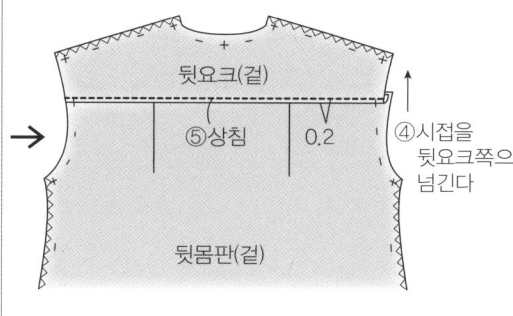 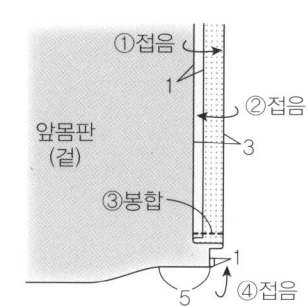

※반대쪽도 ①~④과정과 같은 방법으로 만든다

5 몸판의 앞끝을 정리한다

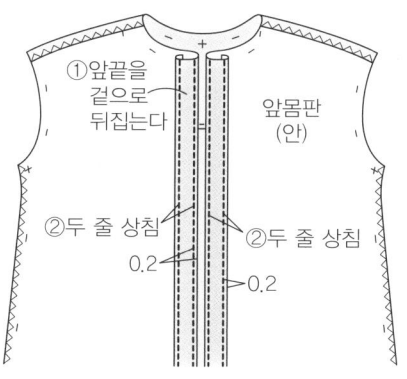

9 몸판과 소매의 옆선을 한 번에 이어서 봉합한다

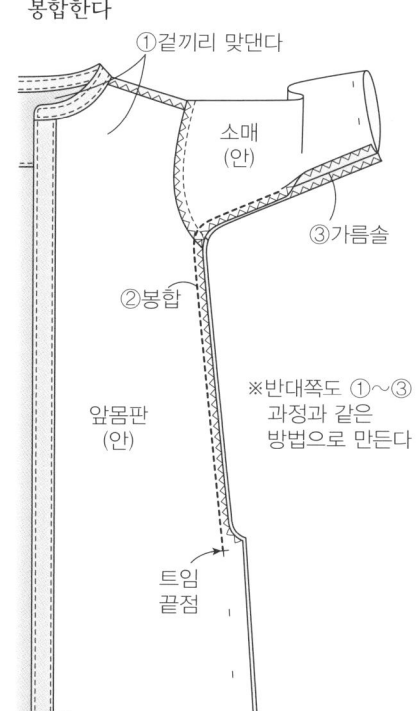

※반대쪽도 ①~③과정과 같은 방법으로 만든다

10 몸판의 밑단을 정리하고, 옆선의 트임을 정리한다

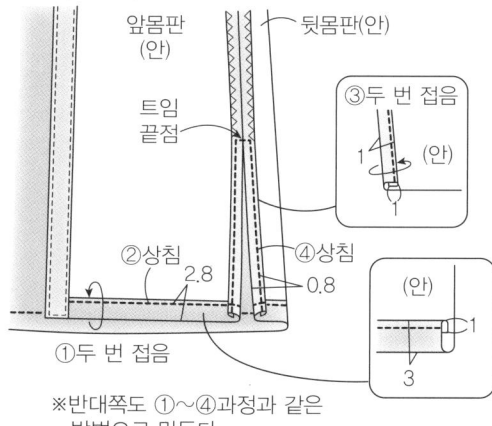

※반대쪽도 ①~④과정과 같은 방법으로 만든다

30 (p.28)

재료
- 겉감(니트) …… 90cm폭 x 350cm(S) / **370cm(M)** / 390cm(L)
- 접착심(소잉심지) …… 112cm폭 x 70cm(S) / **70cm(M)** / 80cm(L)

패턴 준비하기
* B면 **30**번 패턴을 사용합니다.
* 사용 패턴…앞·뒤몸판, 앞·뒤안단, 뒤밑단 안단
* 뒷몸판 패턴은 길이가 길어 분리하여 수록하였습니다. 맞춤점에 맞춰 한 장으로 연결해주세요.

완성 사이즈 단위: cm

사이즈	S	M	L
가슴 둘레	130	142	152
옷길이	55.5	57.5	59.5

사이즈 표시
S 사이즈
M사이즈
L 사이즈
1개만 작성된 숫자는 공통

패턴 □ = 실물 크기 패턴

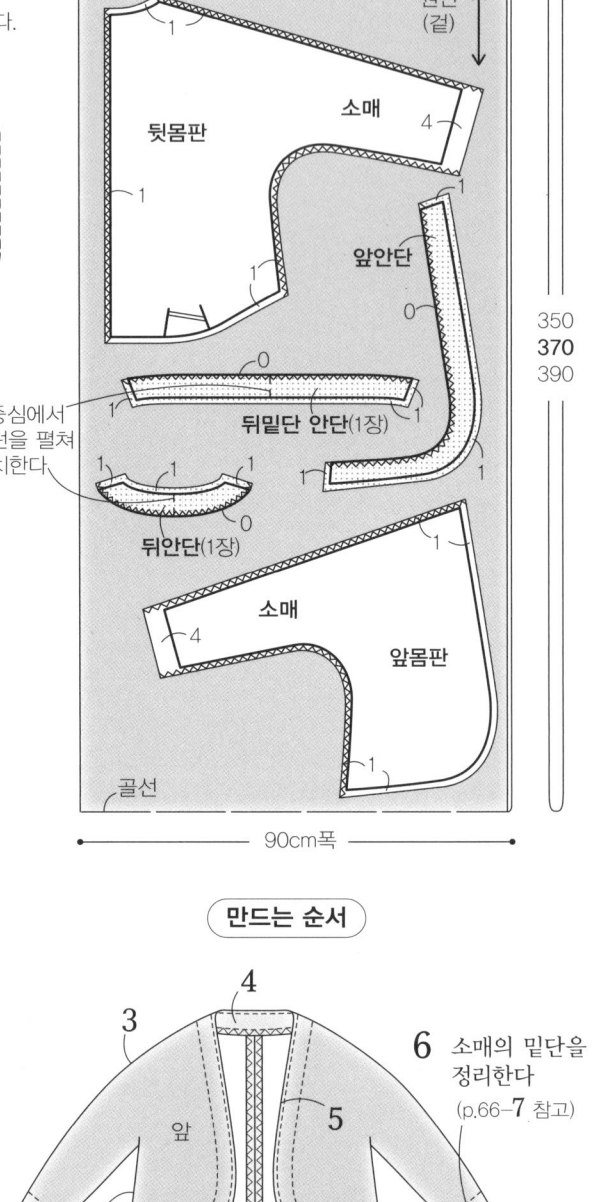

재단 배치도
* ▨ = 접착심(소잉심지)을 붙인다
* ∼ = 지그재그봉제 또는 오버록 처리한다

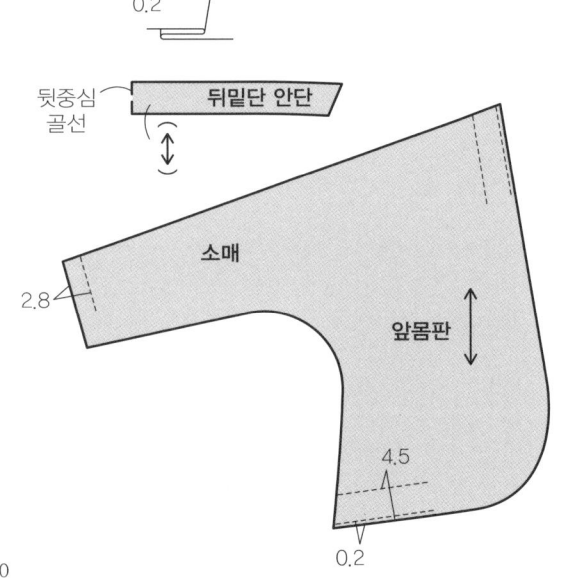

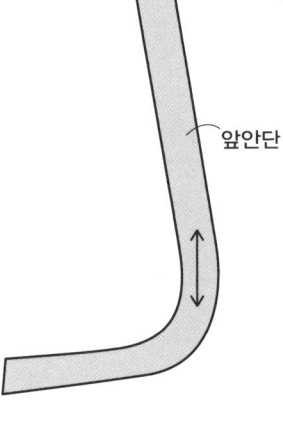

만드는 순서

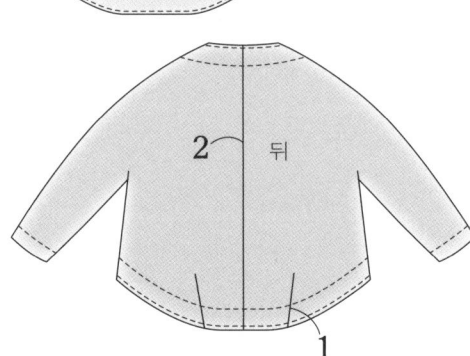

6 소매의 밑단을 정리한다 (p.66-7 참고)

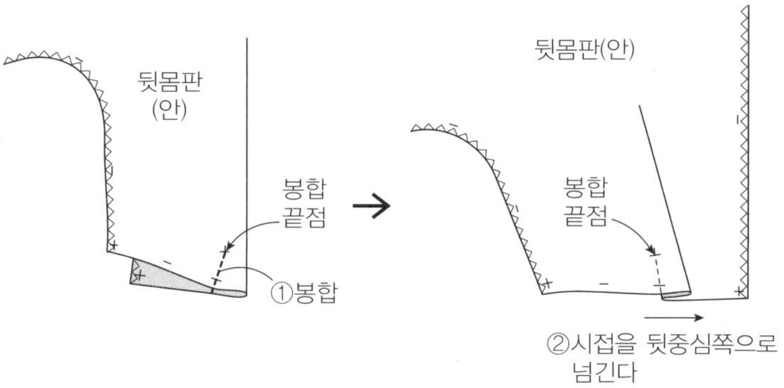

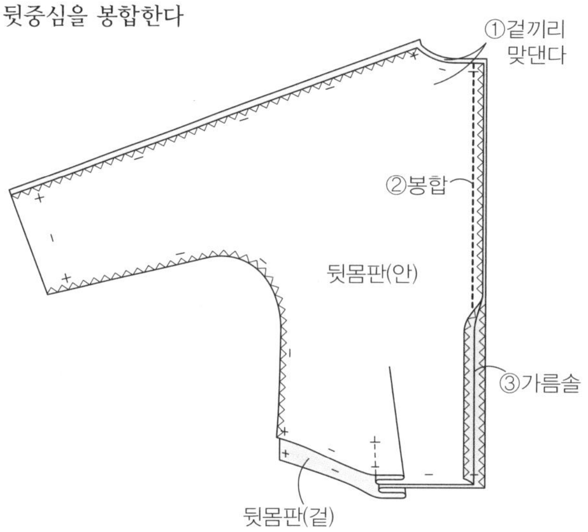

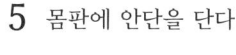

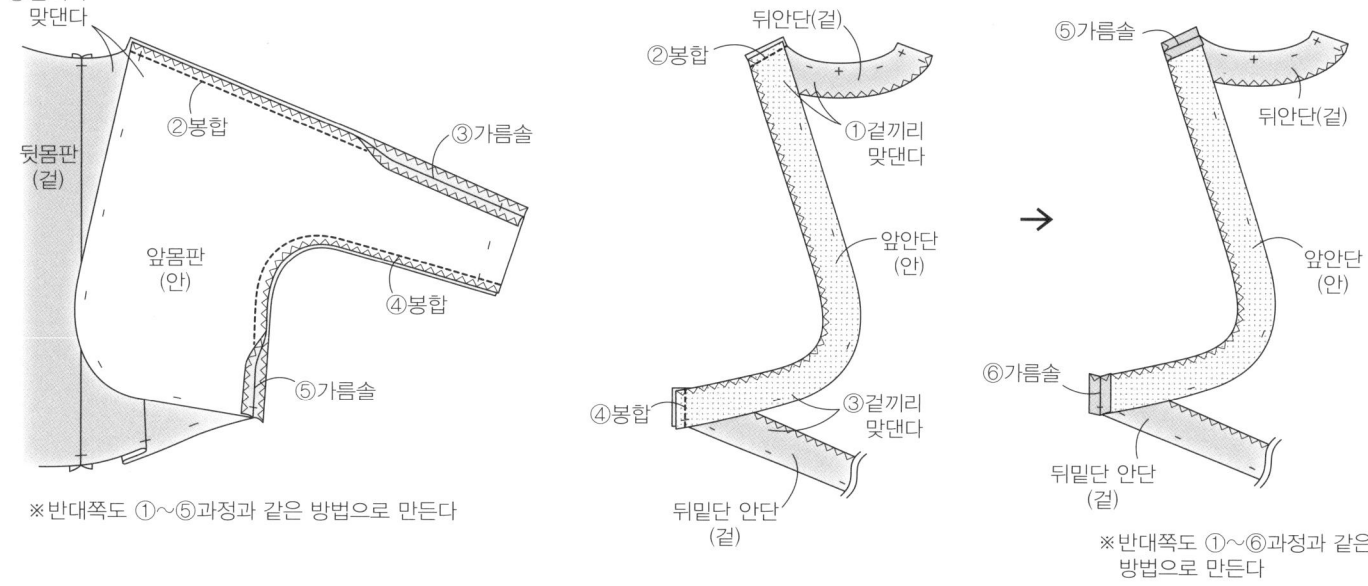

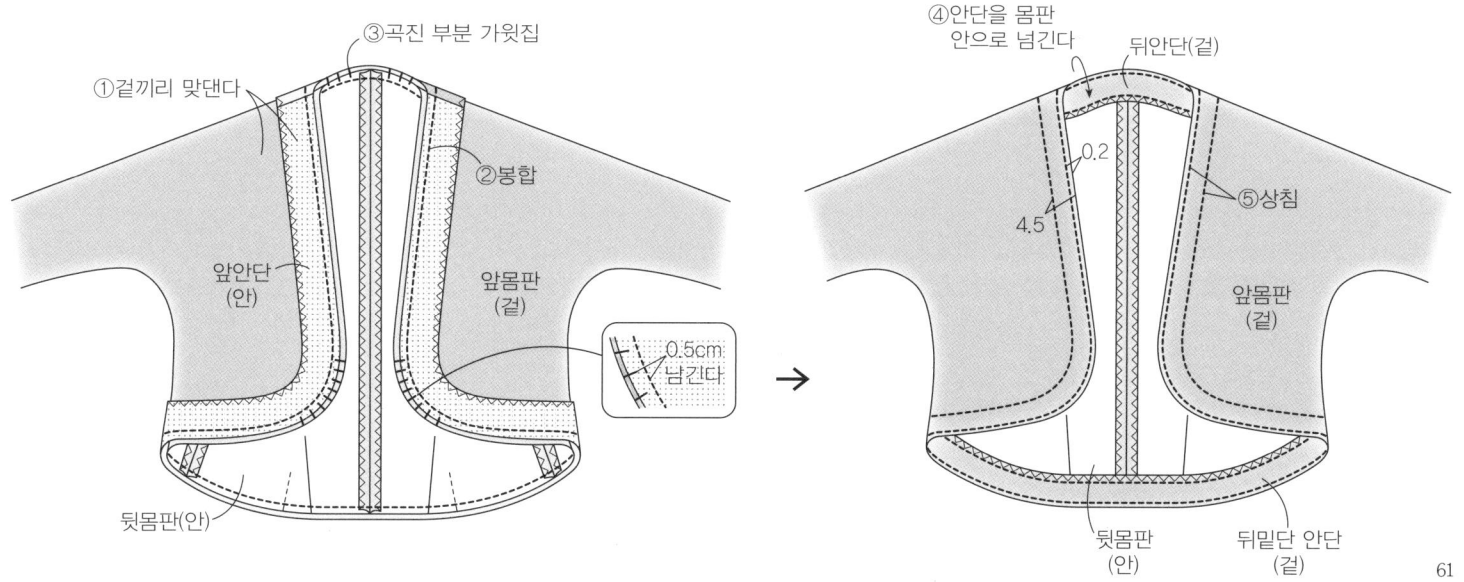

14 · 15 (p.13)

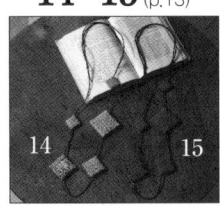

재료 (작품 1개 분량)

- 모티브(코튼) …… 30cm폭 x 15cm
- 퀼트심지 …… 30cm폭 x 10cm
- 마분지 …… 30cm폭 x 10cm
- 가죽끈 …… 0.3cm폭 x 120cm
- 25번 자수실(블랙) …… 적당량

실물 크기 패턴

※ 앞 · 뒤몸판 둘레의 시접을 1cm씩 주고, 퀼트심지, 마분지는 시접없이 재단합니다.

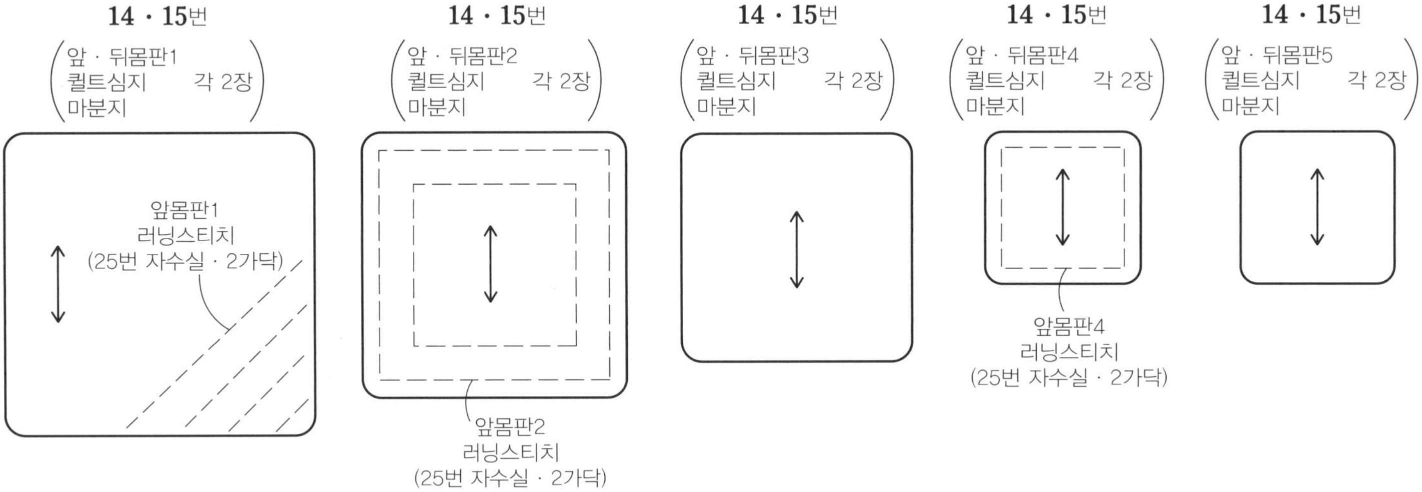

14 · 15번
앞 · 뒤몸판1
퀼트심지 각 2장
마분지

앞몸판1
러닝스티치
(25번 자수실 · 2가닥)

14 · 15번
앞 · 뒤몸판2
퀼트심지 각 2장
마분지

앞몸판2
러닝스티치
(25번 자수실 · 2가닥)

14 · 15번
앞 · 뒤몸판3
퀼트심지 각 2장
마분지

14 · 15번
앞 · 뒤몸판4
퀼트심지 각 2장
마분지

앞몸판4
러닝스티치
(25번 자수실 · 2가닥)

14 · 15번
앞 · 뒤몸판5
퀼트심지 각 2장
마분지

만드는 방법

1 앞 · 뒤몸판1~5를 만든다

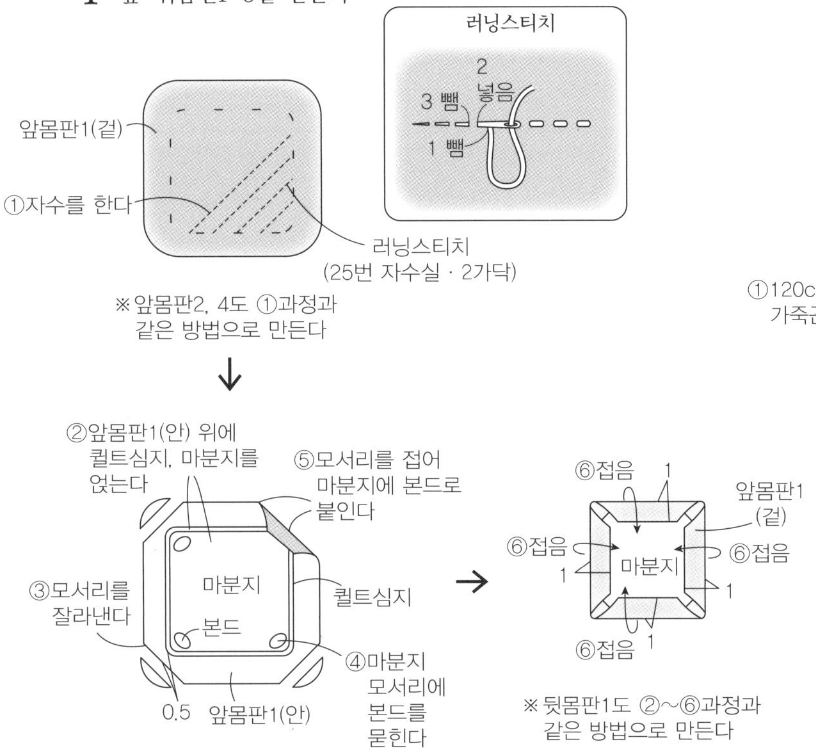

앞몸판1(겉)
①자수를 한다
러닝스티치
(25번 자수실 · 2가닥)

러닝스티치
2 넣음
3 뺌
1 뺌

※앞몸판2, 4도 ①과정과 같은 방법으로 만든다

②앞몸판1(안) 위에 퀼트심지, 마분지를 얹는다
⑤모서리를 접어 마분지에 본드로 붙인다
③모서리를 잘라낸다
퀼트심지
마분지 본드
④마분지 모서리에 본드를 묻힌다
0.5 앞몸판1(안)

⑥접음 앞몸판1(겉)
⑥접음 1
마분지
⑥접음
⑥접음 1

※뒷몸판1도 ②~⑥과정과 같은 방법으로 만든다
※앞 · 뒤몸판2, 3, 4, 5도 ②~⑥과정과 같은 방법으로 만든다

2 가죽끈에 몸판1~5를 단다

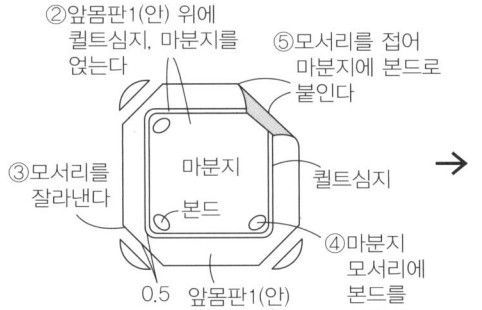

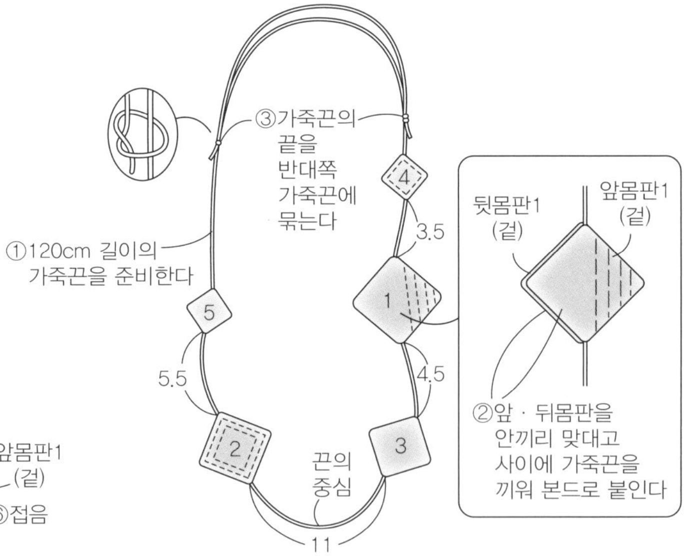

①120cm 길이의 가죽끈을 준비한다
③가죽끈의 끝을 반대쪽 가죽끈에 묶는다
끈의 중심
3.5 4.5 5.5 11

뒷몸판1(겉) 앞몸판1(겉)
②앞 · 뒤몸판을 안끼리 맞대고 사이에 가죽끈을 끼워 본드로 붙인다

20~23 (p.19)

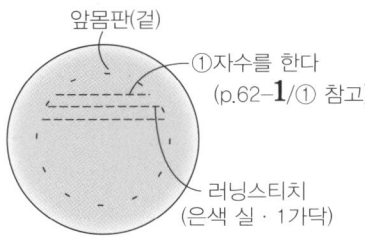

재료 (작품 1개 분량)

- 코튼 또는 리넨의 자투리 …… 10cm폭 x 20cm
- 퀼트심지 …… 10cm폭 x 10cm
- 두꺼운 종이 …… 10cm폭 x 20cm
- 브로치핀 …… 2cm폭 x 1개
- **21**번 작고 동그란 비즈 …… 12개
- **23**번 작고 동그란 비즈 …… 10개
- 은색 실 …… 적당량

실물 크기 패턴

※앞·뒷몸판 둘레의 시접을 1cm씩 주고, 퀼트심지, 두꺼운 종이는 시접없이 재단합니다.

만드는 방법

1 앞몸판에 자수를 놓는다

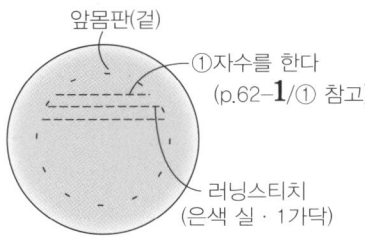

2 뒷몸판에 브로치핀을 단다

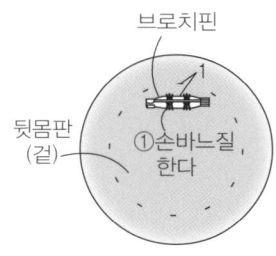

3 앞·뒷몸판의 시접을 접는다

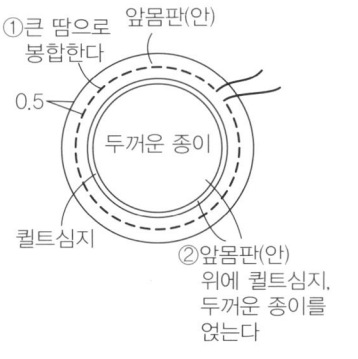

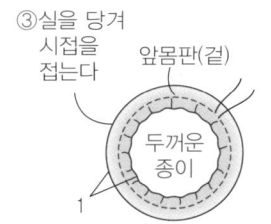

※뒷몸판은 퀼트심지를 넣지 않고, ①~③과정과 같은 방법으로 만든다

※**22**·**23**번 브로치 만드는 방법은 p.62-**1** 참고

4 앞·뒷몸판을 연결한다

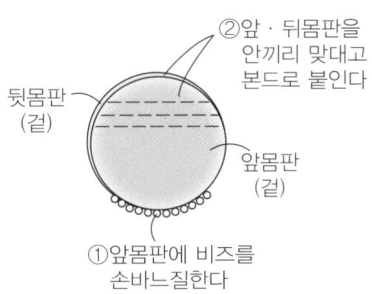

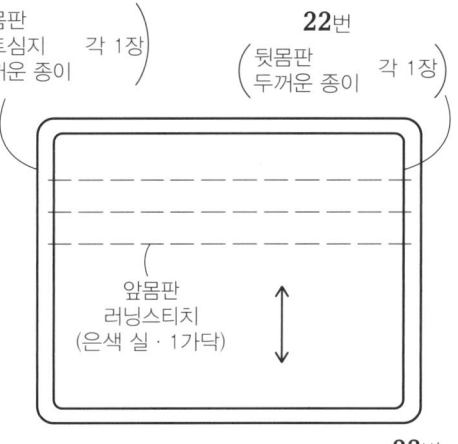

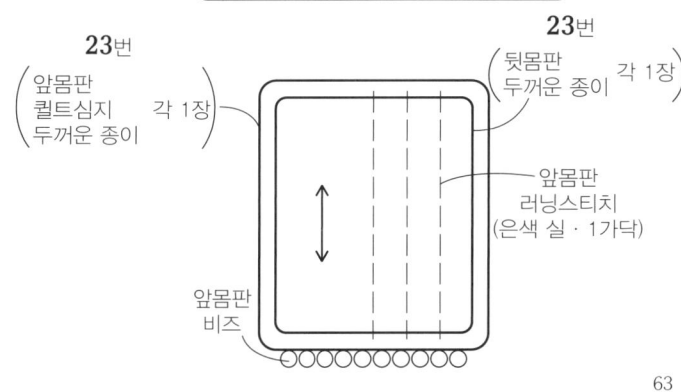

29 (p.26)

재료 겉감(선염 리넨 트윌) …… 142cm폭 x 450cm(S) / **470cm(M)** / 490cm(L)
접착심(소잉심지) …… 112cm폭 x 120cm

패턴 준비하기
* B면 29번 패턴을 사용합니다.
* 사용 패턴…앞·뒤몸판, 앞·뒤안단, 주머니
* 앞·뒤몸판과 앞안단 패턴은 길이가 길어 분리하여 수록하였습니다. 맞춤점에 맞춰 한 장으로 연결해주세요.

완성 사이즈

단위: cm

사이즈	S	M	L
가슴 둘레	130	142	152
옷길이	106	109.5	113

사이즈 표시
S 사이즈
M사이즈
L 사이즈
1개만 작성된 숫자는 공통

패턴·제도

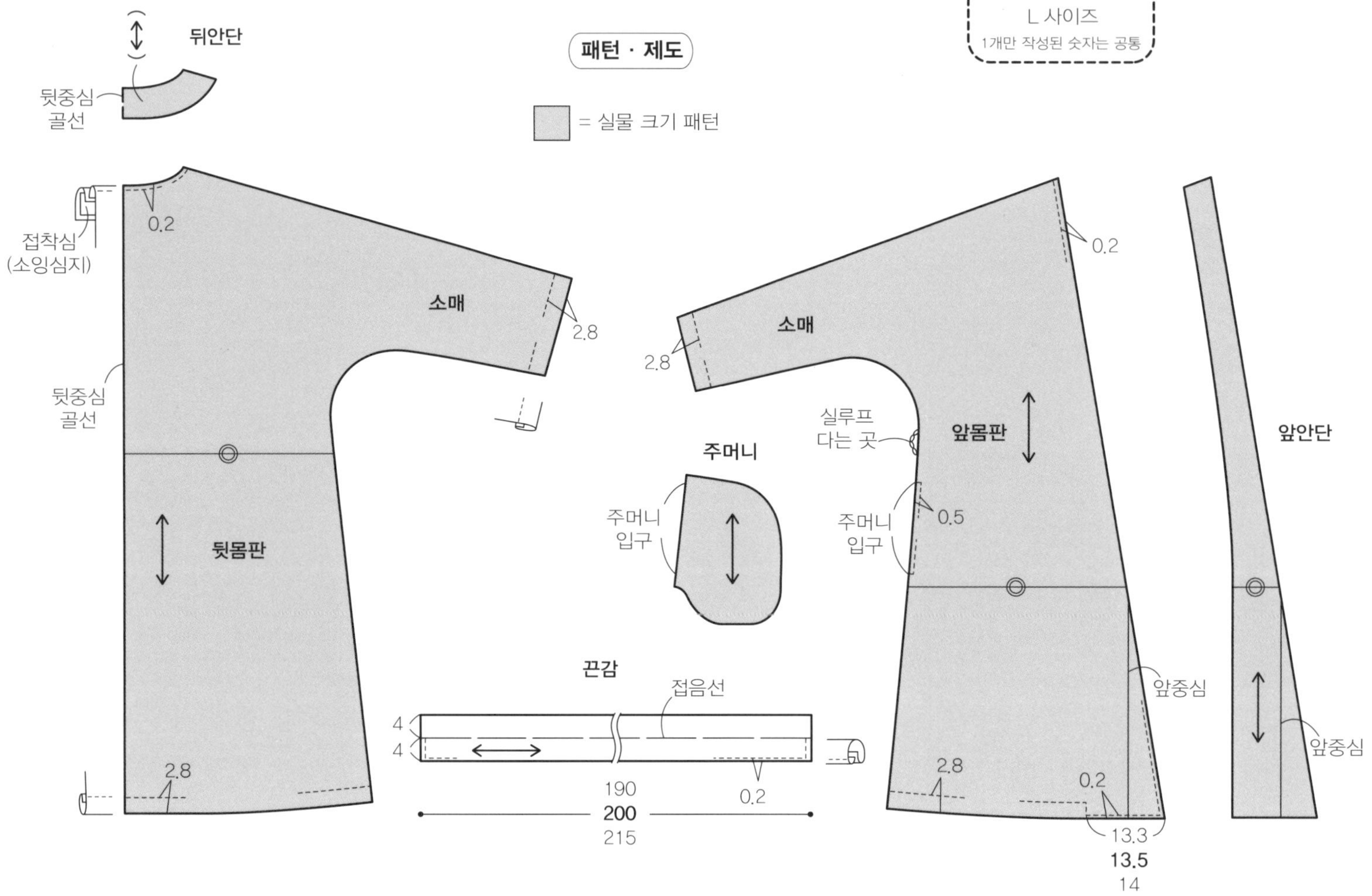

= 실물 크기 패턴

(뒤안단, 뒷중심 골선, 접착심(소잉심지), 뒷중심 골선, 소매 0.2, 2.8, 뒷몸판, 2.8)
(소매 0.2, 2.8, 실루프 다는 곳, 앞몸판, 주머니 입구, 0.5, 주머니, 주머니 입구, 앞중심, 2.8, 0.2, 13.3, 13.5, 14)
(끈감 4/4 접음선 190 200 215 0.2)
(앞안단, 앞중심, 앞중심)

단추 다는 곳과 단춧구멍 뚫는 곳

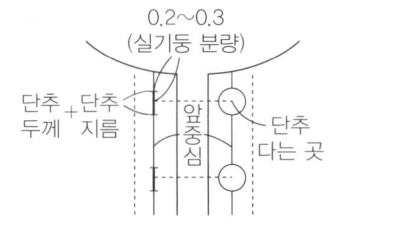

0.2~0.3 (실기둥 분량)
단추 두께 + 단추 지름
앞중심
단추 다는 곳

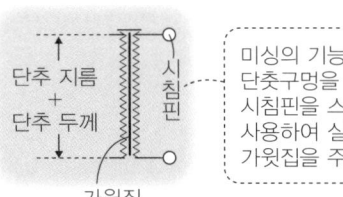

단추 지름 + 단추 두께
시침핀
가윗집

미싱의 기능을 사용하여 단춧구멍을 감칩니다. 시침핀을 스토퍼처럼 사용하여 실뜯개로 가윗집을 주어 자릅니다.

단추 다는 방법

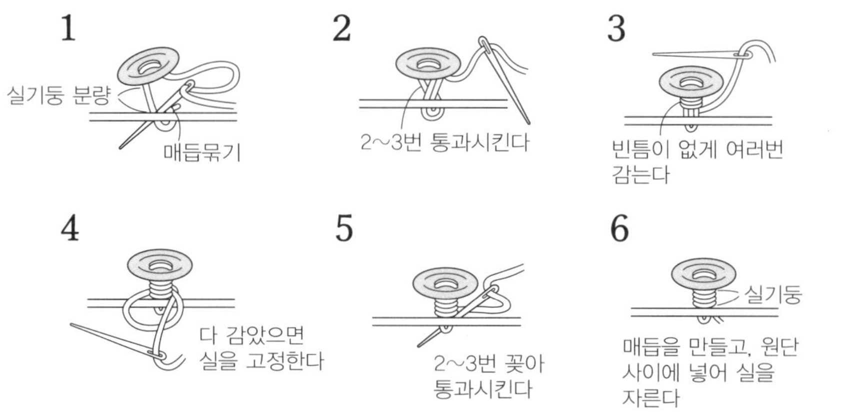

1
실기둥 분량
매듭묶기

2 2~3번 통과시킨다

3 빈틈이 없게 여러번 감는다

4
다 감았으면 실을 고정한다

5
2~3번 꽂아 통과시킨다

6
실기둥
매듭을 만들고, 원단 사이에 넣어 실을 자른다

재단 배치도

* ▦ =접착심(소잉심지)을 붙인다
* ∿ =지그재그봉제 또는 오버록 처리한다
* 끈감은 직접 제도하여 사용합니다(p.64 참고)

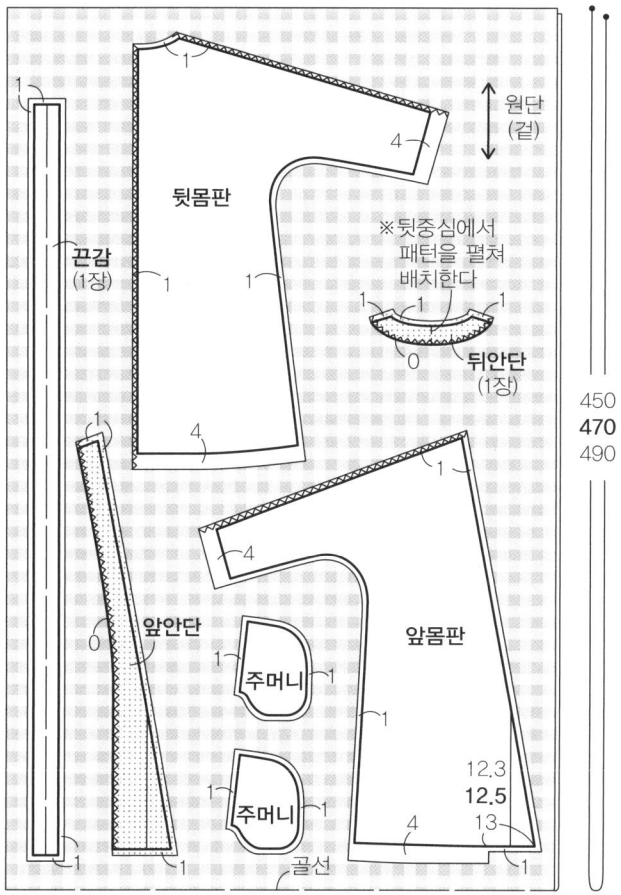

만드는 순서

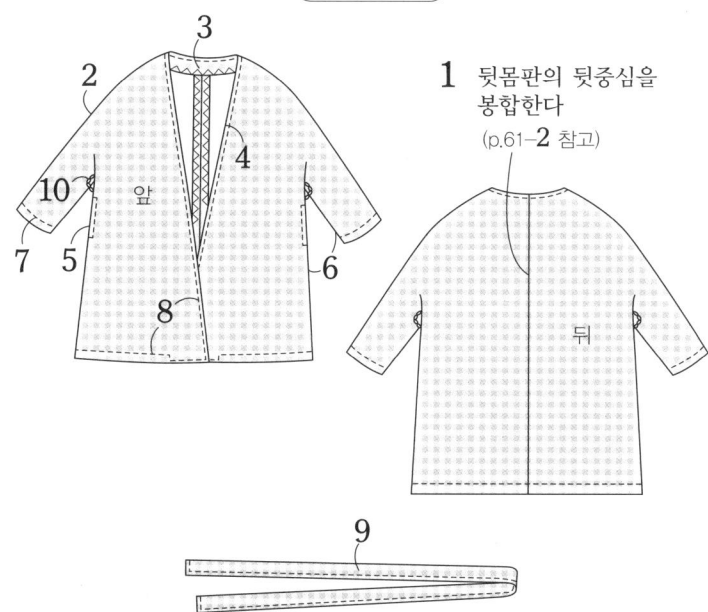

만드는 방법

2 몸판의 어깨를 봉합한다

3 안단을 만든다

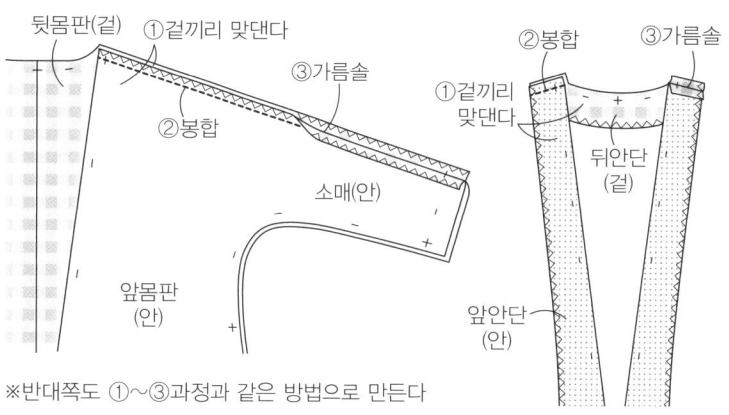

※반대쪽도 ①~③과정과 같은 방법으로 만든다

4 몸판에 안단을 단다

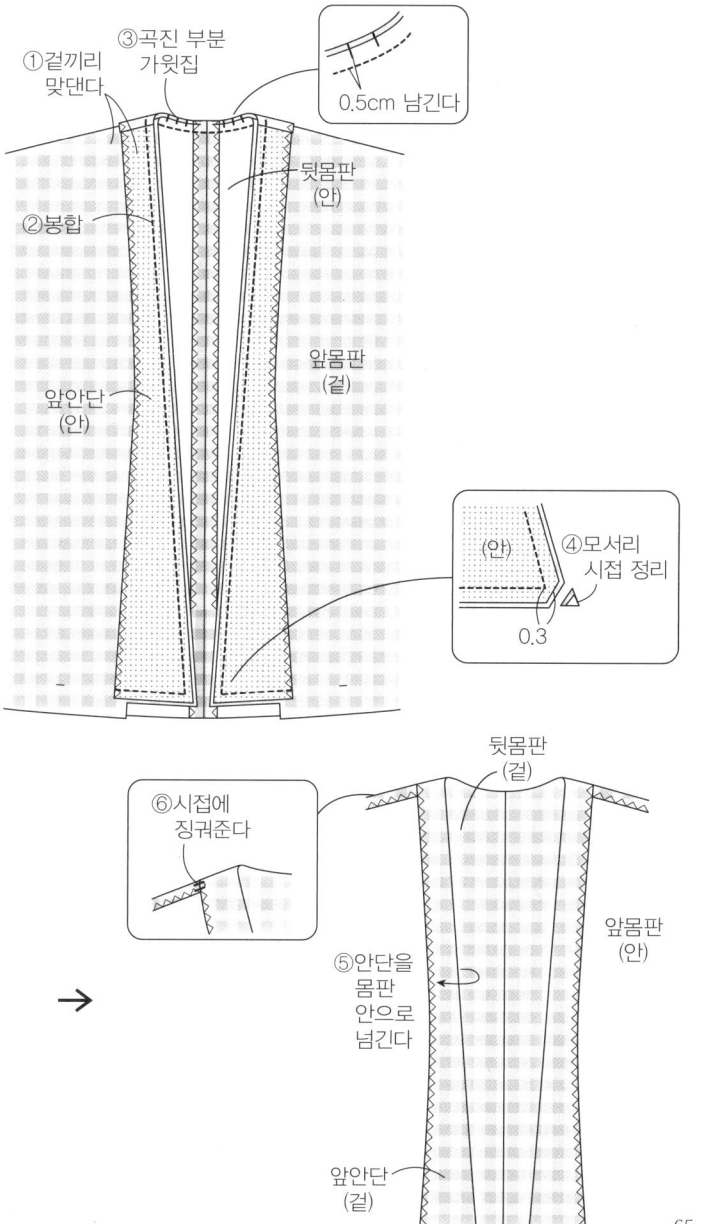

1 뒷몸판의 뒷중심을 봉합한다 (p.61-2 참고)

5 몸판에 주머니를 단다

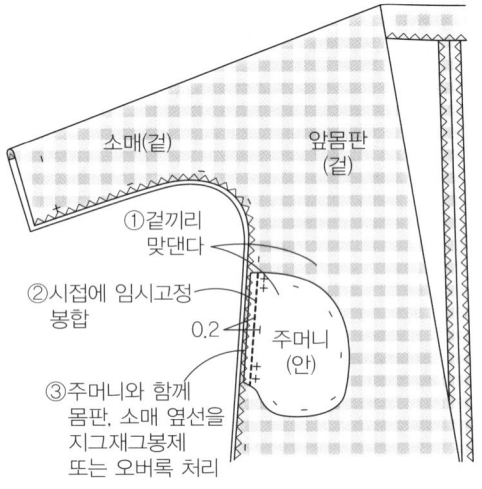

6 몸판과 소매의 옆선을 한 번에 이어서 봉합하고, 주머니를 만든다

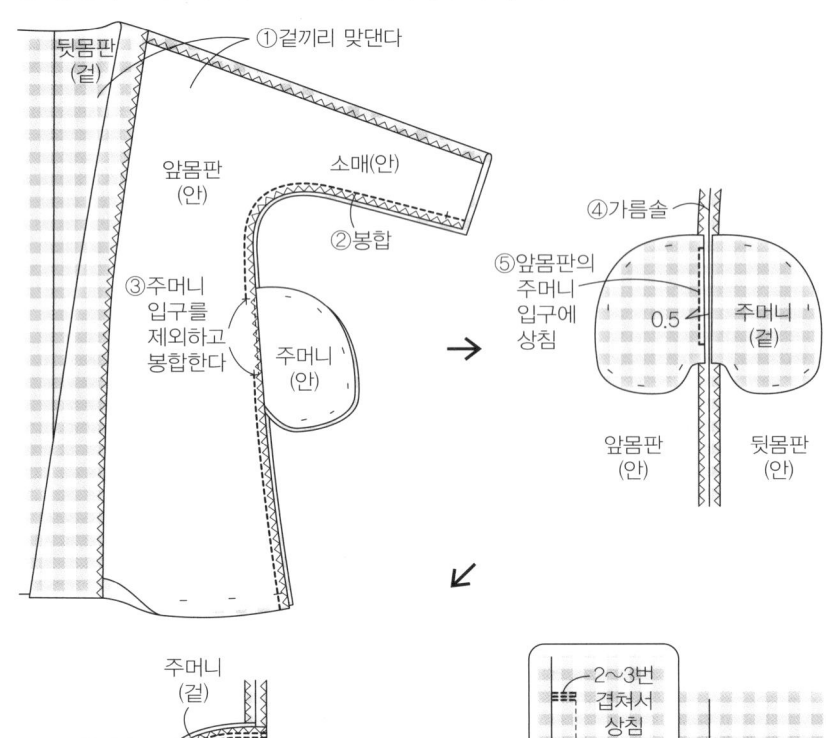

7 소매의 밑단을 정리한다

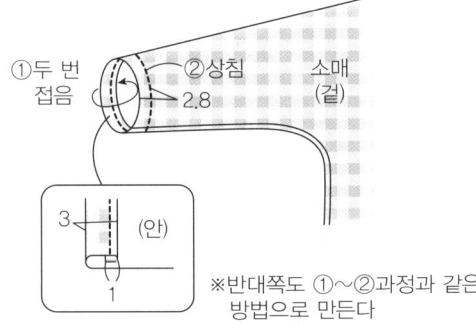

8 몸판의 밑단, 앞끝, 목둘레를 정리한다

9 끈감을 만든다

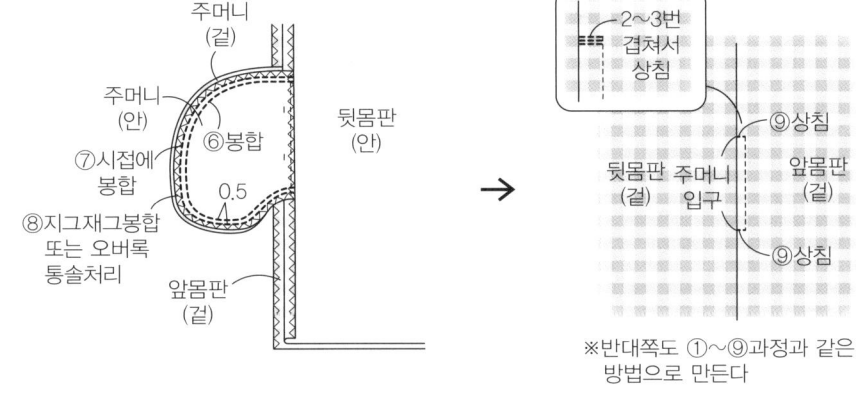

10 실루프를 만들어 몸판에 단다

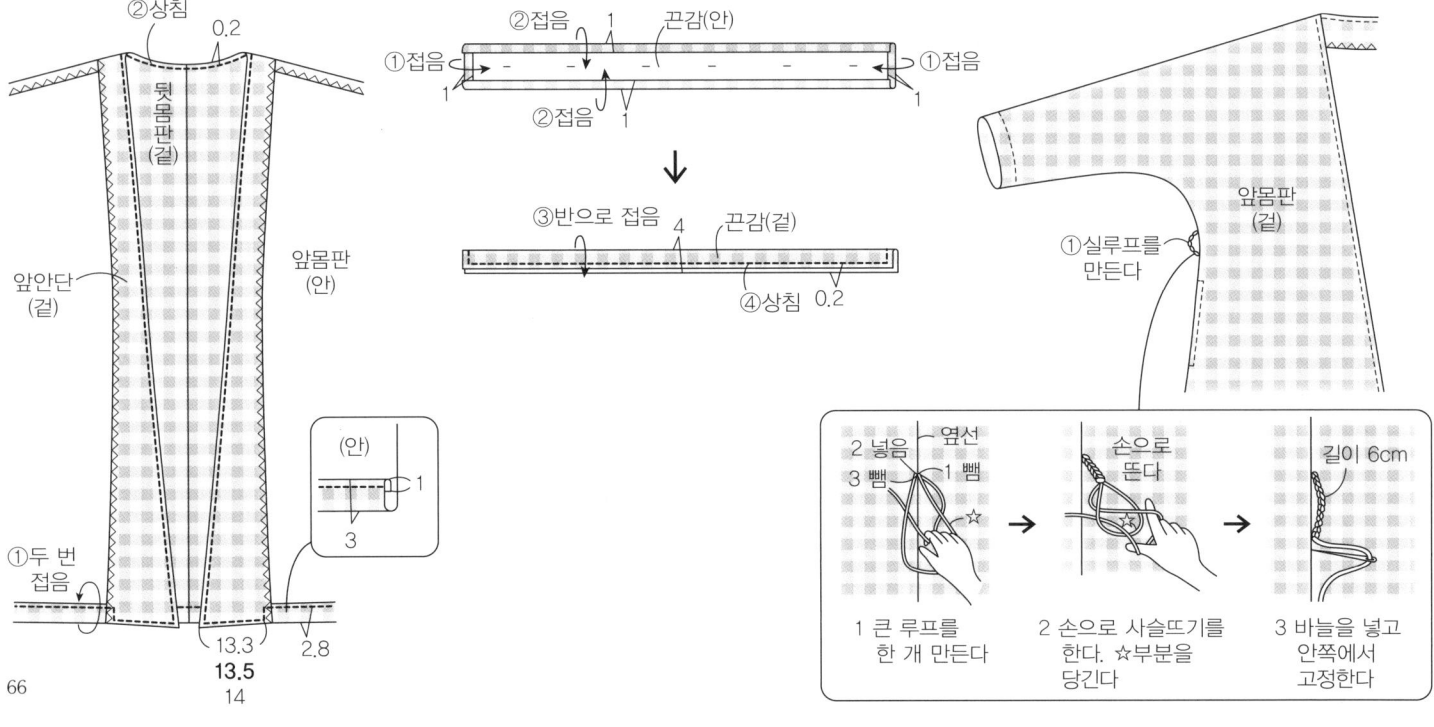

27 (p.24) 28 (p.25)

재료
- 27번 겉감(코듀로이) …… 108cm폭 x 300cm(S) / 310cm(M) / 330cm(L)
- 28번 겉감(리넨 캔버스) …… 127cm폭 x 290cm(S) / 300cm(M) / 320cm(L)
- 고무줄 …… 3.5cm폭 x 65.5cm(S) / 69cm(M) / 74cm(L)

패턴 준비하기
* A면 27번, 28번 패턴을 사용합니다.
* 사용 패턴…앞·뒤팬츠, 주머니A·B, 뒷주머니, 허리벨트
* 28번의 앞·뒤팬츠는 기준선에 직선으로 내리고, 기재된 치수로 패턴을 수정하여 사용합니다.
* 완성 사이즈의 허리 둘레는 고무줄을 달기 전 사이즈입니다. 이 사이즈로 엉덩이가 들어가는지 확인해주세요.

완성 사이즈
단위: cm

사이즈	S	M	L
허리 둘레	88	92.5	99
27번 팬츠길이	95.5	98.5	101.5
28번 팬츠길이	97	100	103

사이즈 표시
S 사이즈
M 사이즈
L 사이즈
1개만 작성된 숫자는 공통

패턴·제도

□ = 실물 크기 패턴

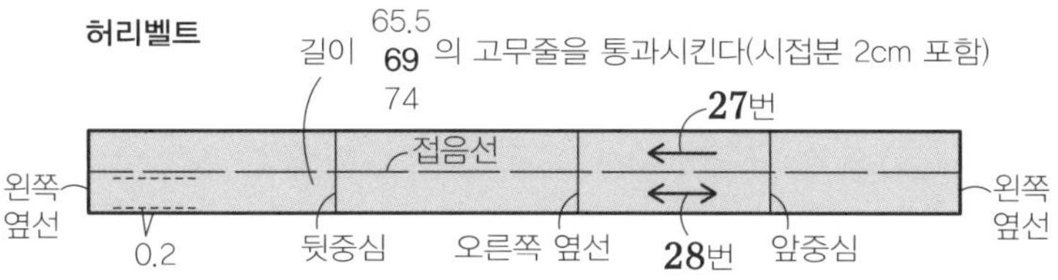

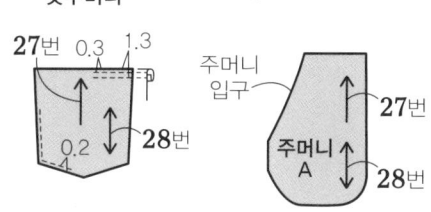

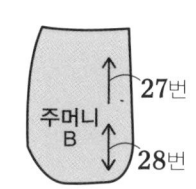

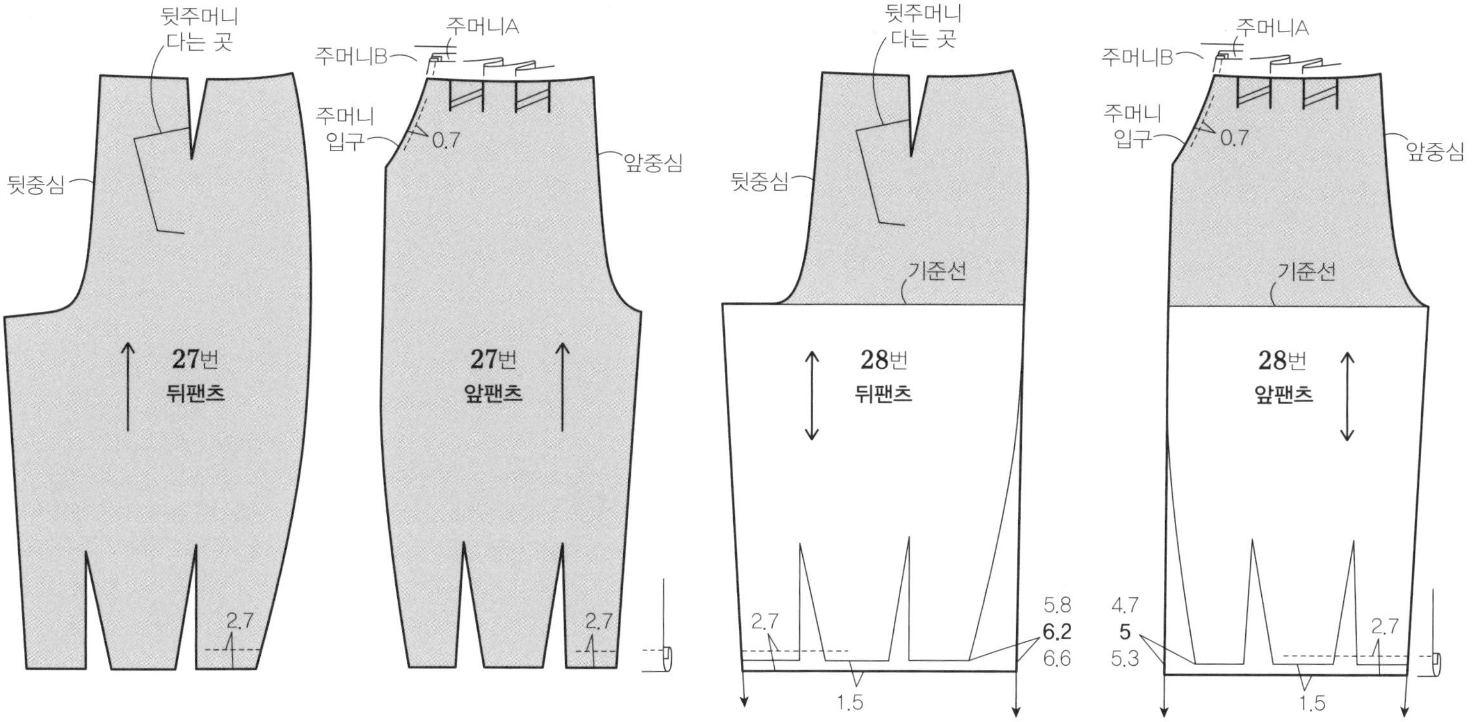

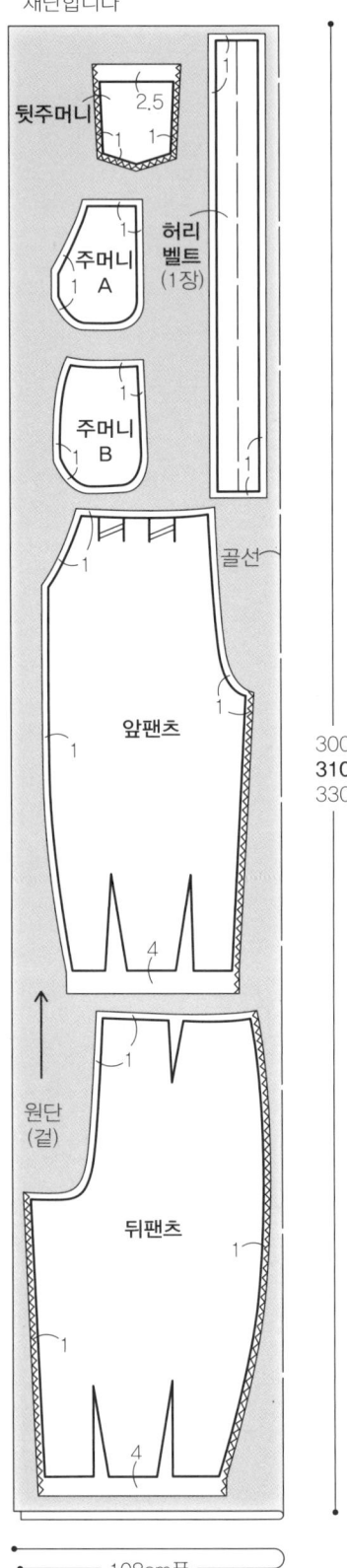
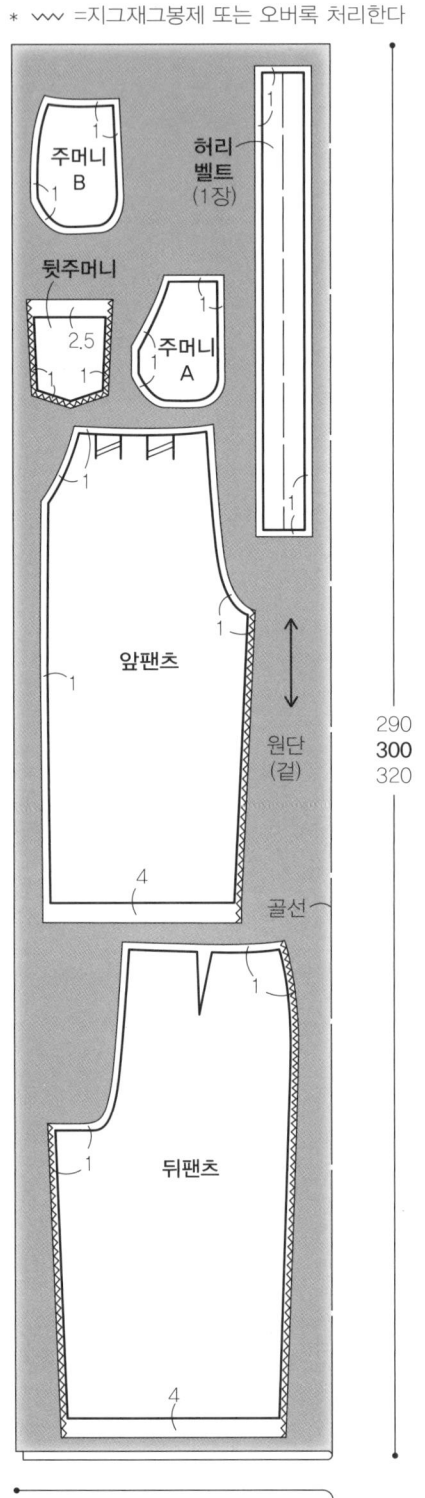
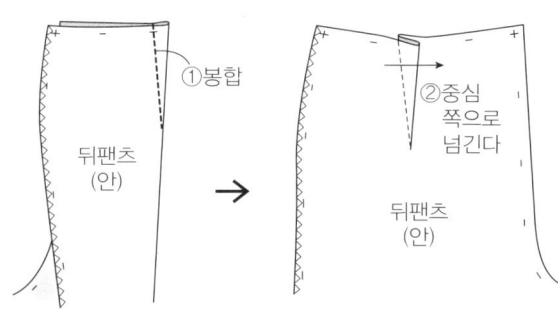
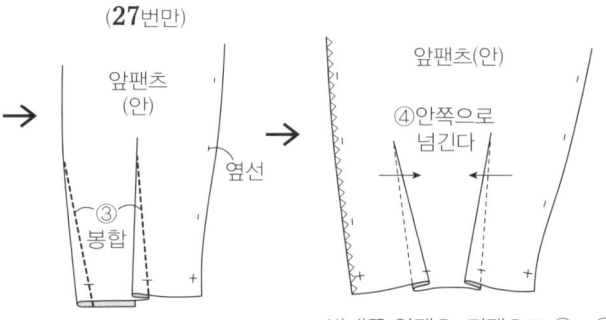

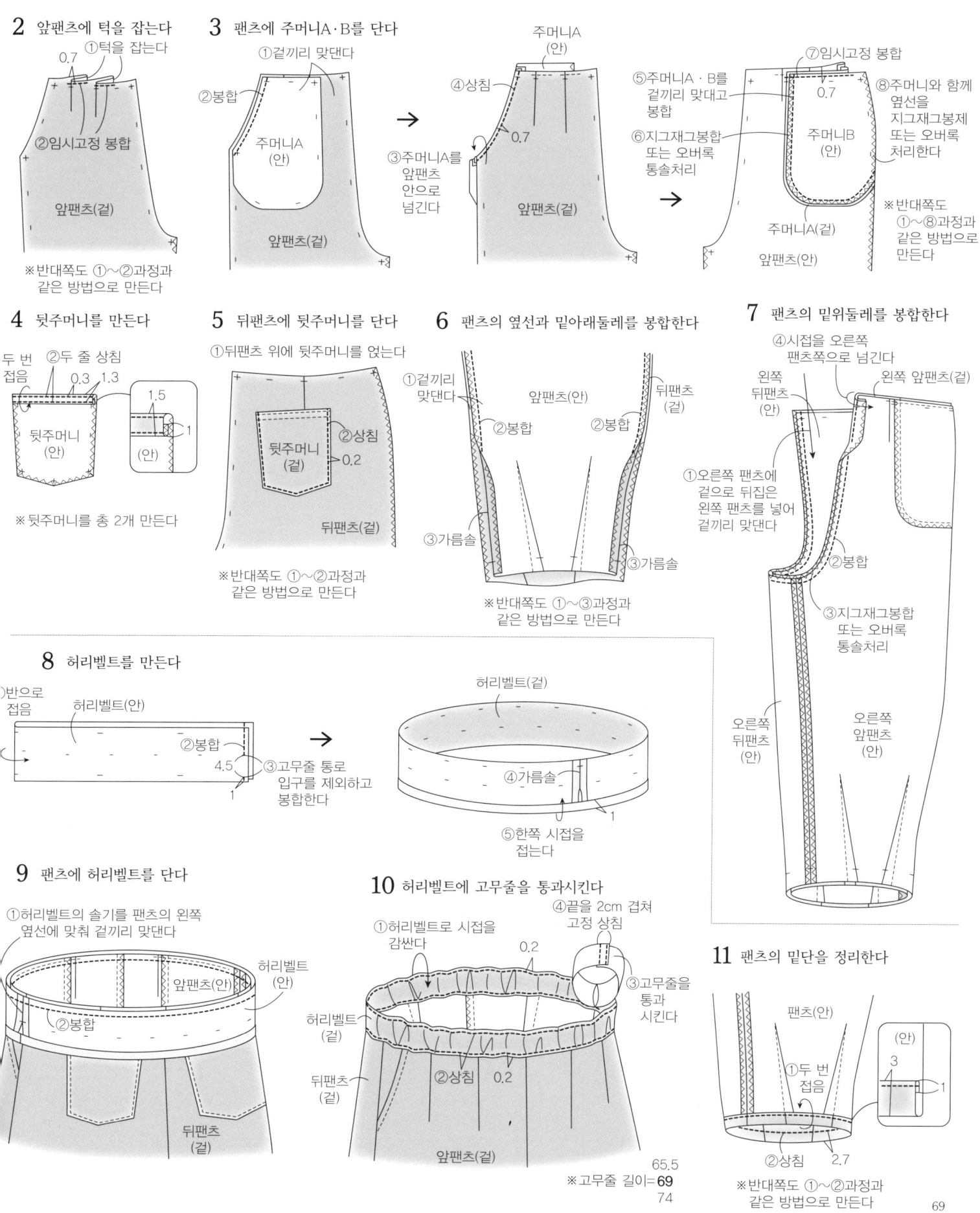

25 (p.22)

재료 겉감(고밀도 리넨) …… 142cm폭 x 240cm

완성 사이즈 단위: cm

사이즈	FREE
스커트 길이	95

재단 배치도

* 모든 패턴은 직접 제도하여 사용합니다
* ∿∿ =지그재그봉제 또는 오버록 처리한다

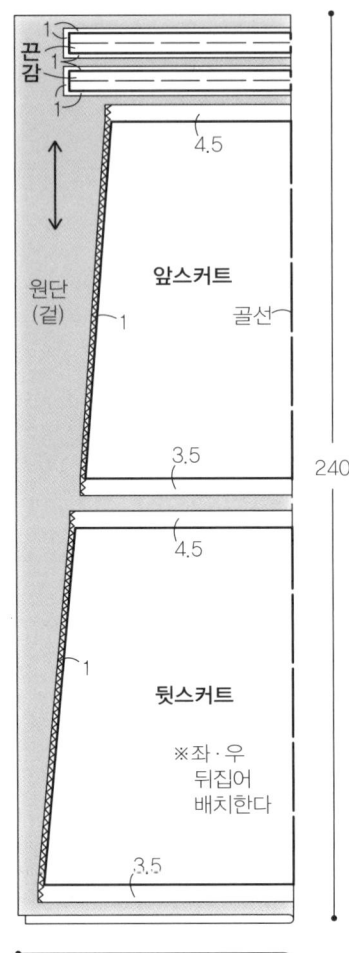

제도

끈감

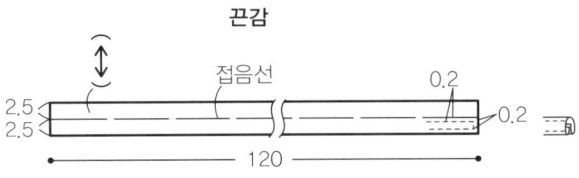

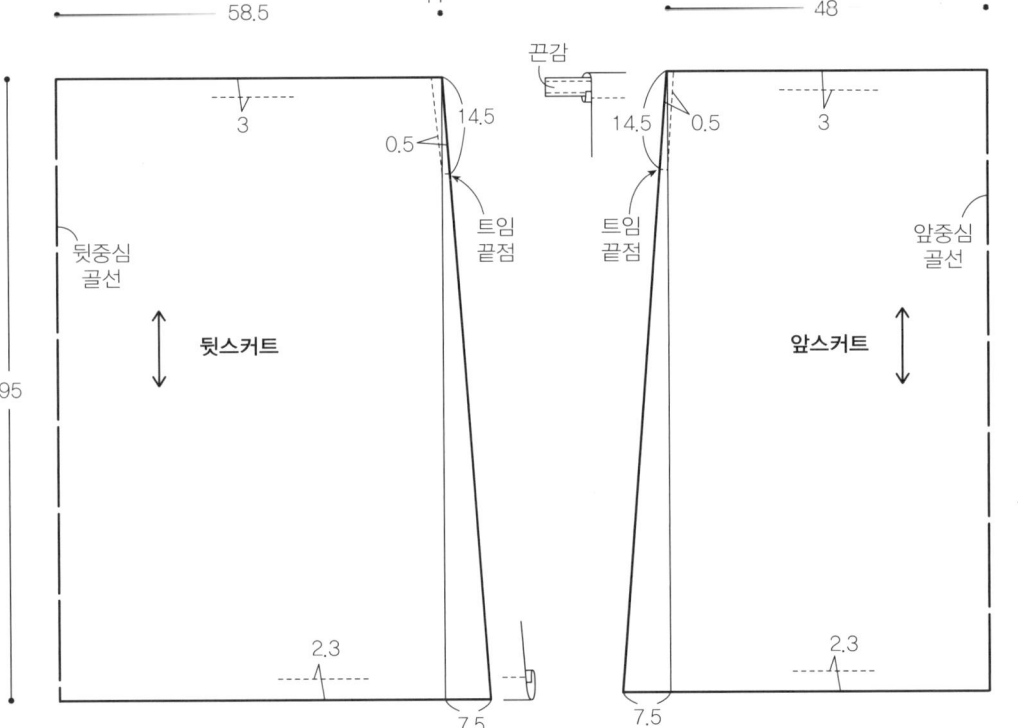

만드는 순서

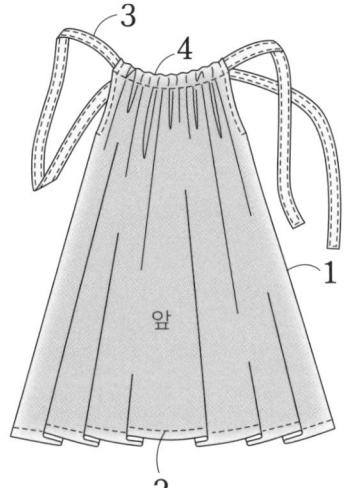

만드는 방법

1 스커트의 옆선을 봉합한다

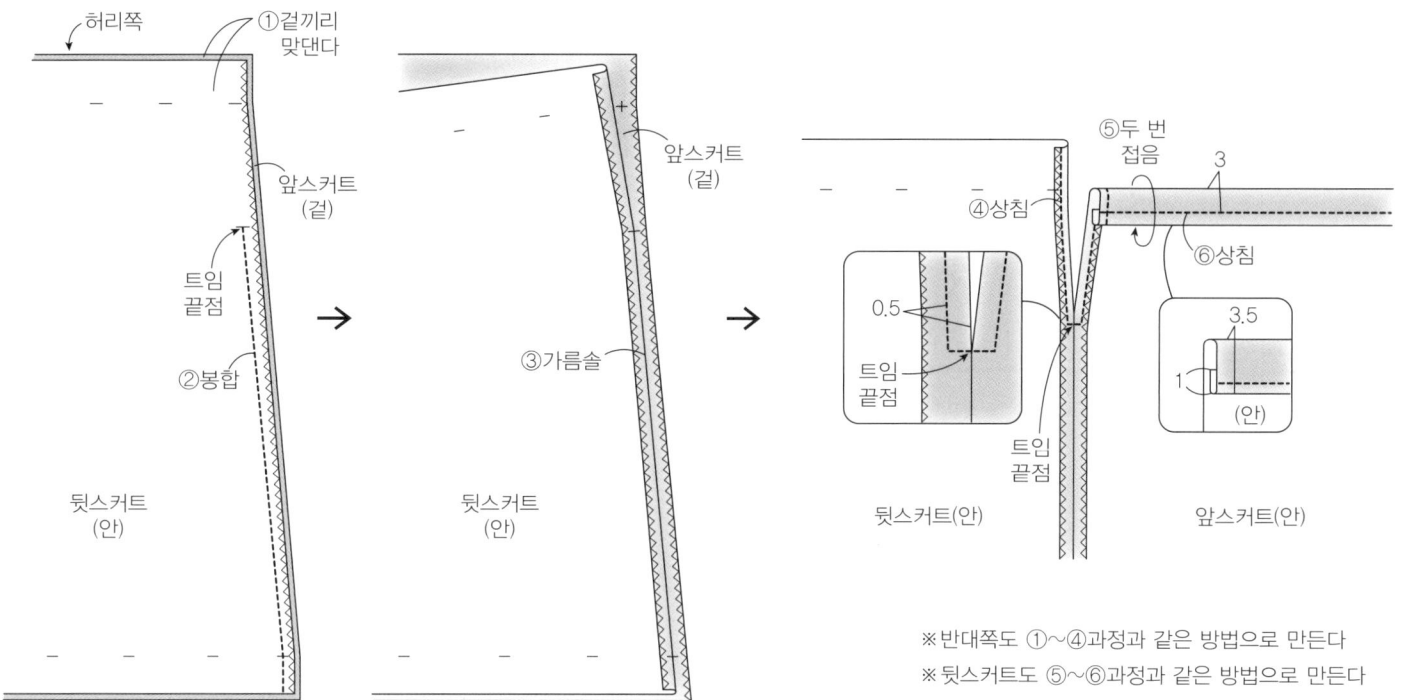

※ 반대쪽도 ①~④과정과 같은 방법으로 만든다
※ 뒷스커트도 ⑤~⑥과정과 같은 방법으로 만든다

2 스커트의 밑단을 정리한다

3 끈감을 만든다

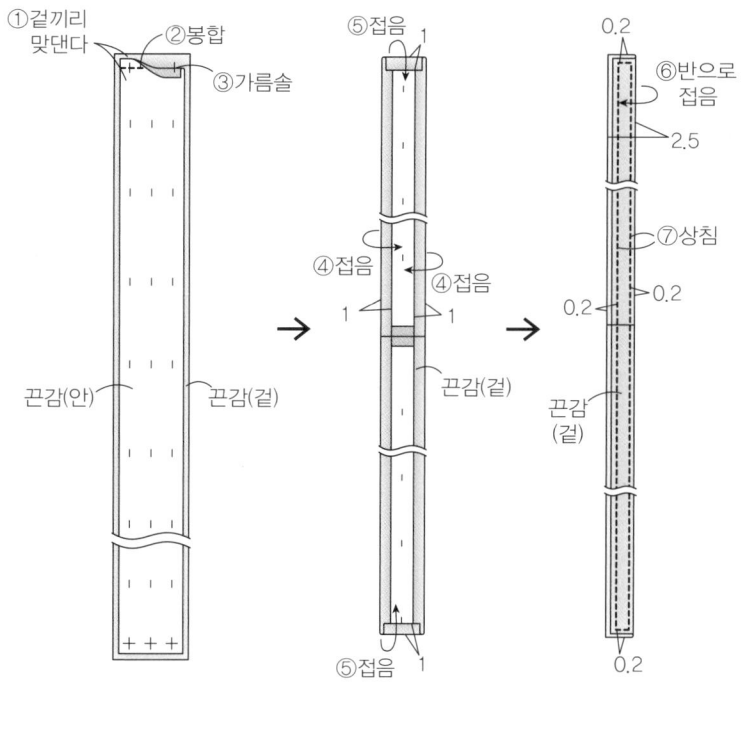

4 스커트에 끈감을 통과시킨다

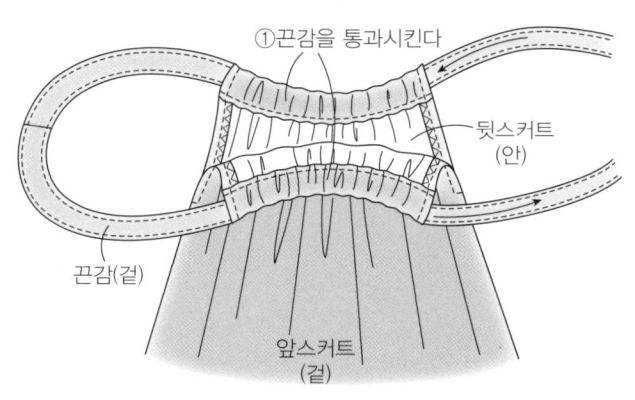

71

33 (p.30)

재료
겉감(리넨) …… 140cm폭 x 210cm
접착심(소잉심지) …… 112cm폭 x 20cm

완성 사이즈 단위: cm

사이즈	FREE
가슴 둘레	100
옷길이	105

재단 배치도

* 모든 패턴은 직접 제도하여 사용합니다
* ▨ =접착심(소잉심지)을 붙인다
* 〰 =지그재그봉제 또는 오버록 처리한다

제도

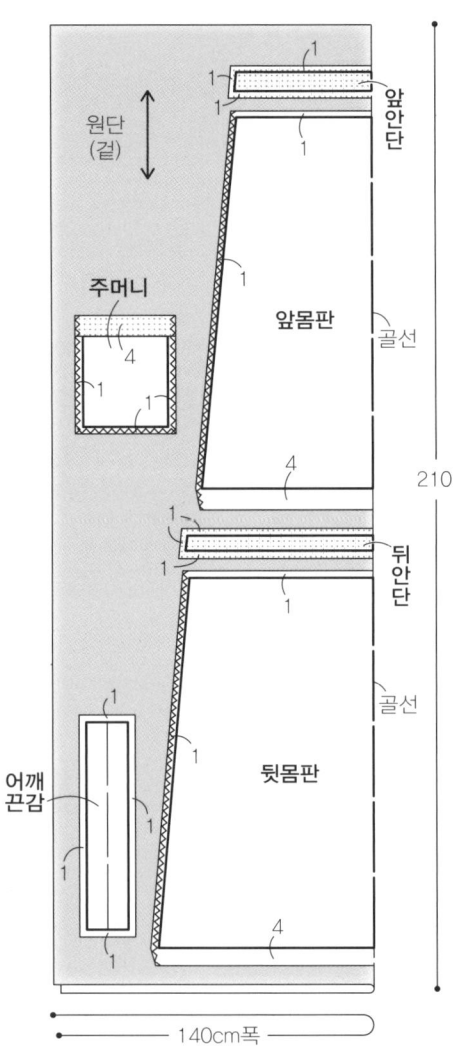

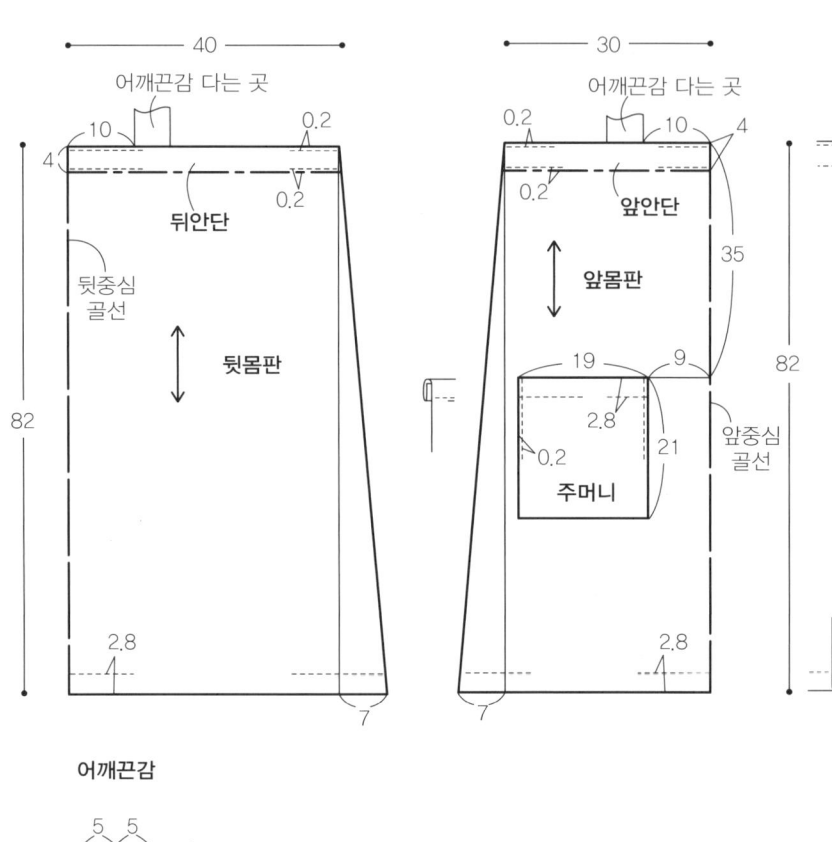

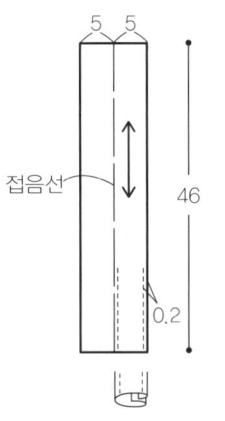

만드는 순서

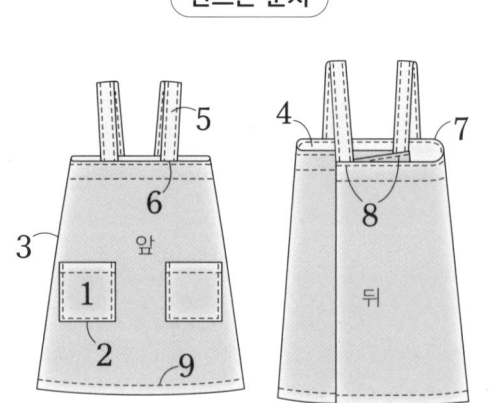

만드는 방법

1 주머니를 만든다

※주머니를 총 2개 만든다

2 앞몸판에 주머니를 단다

3 몸판의 옆선을 봉합한다

4 안단을 만든다

5 어깨끈감을 만든다

※어깨끈감을 총 2개 만든다

6 앞몸판에 어깨끈감을 단다

7 몸판에 안단을 단다

8 뒷몸판을 어깨끈감의 위치에 고정한다

9 몸판의 밑단을 정리한다

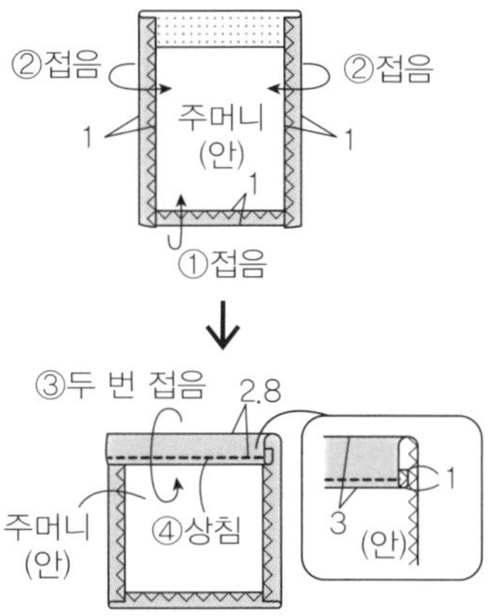

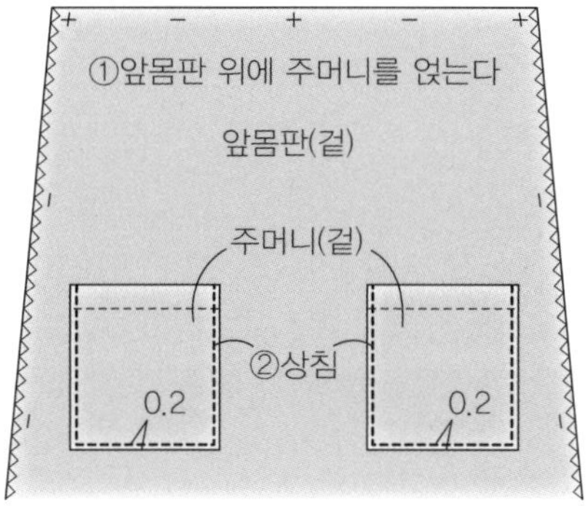

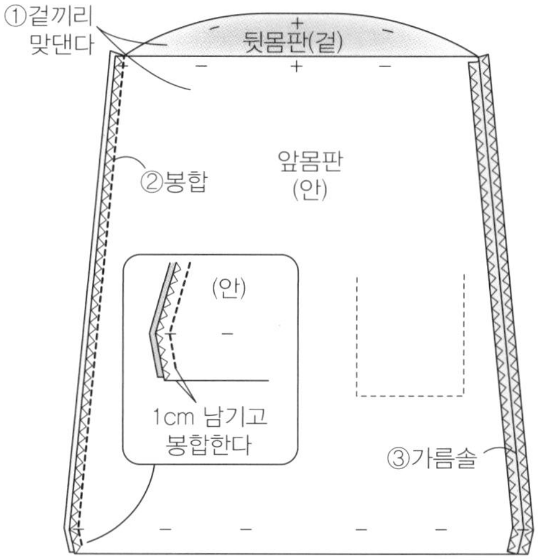

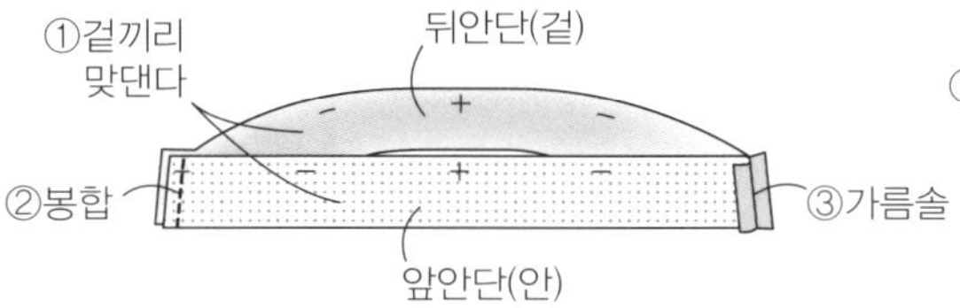

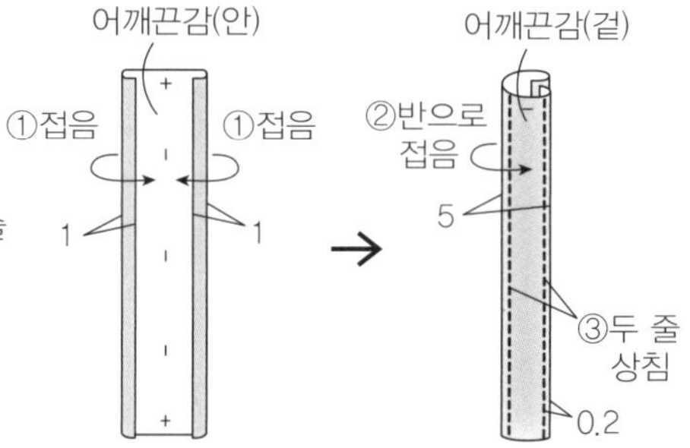

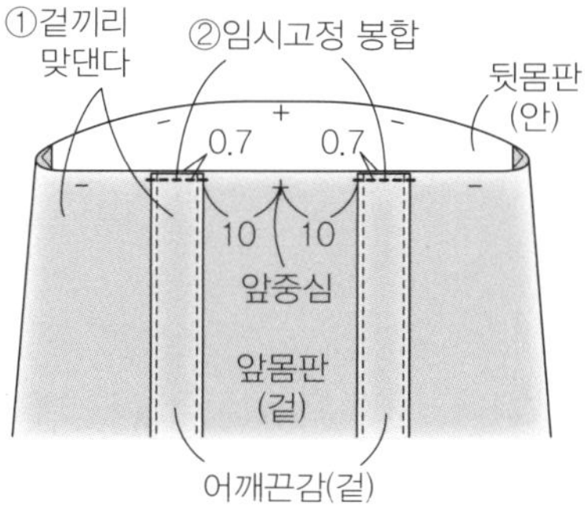

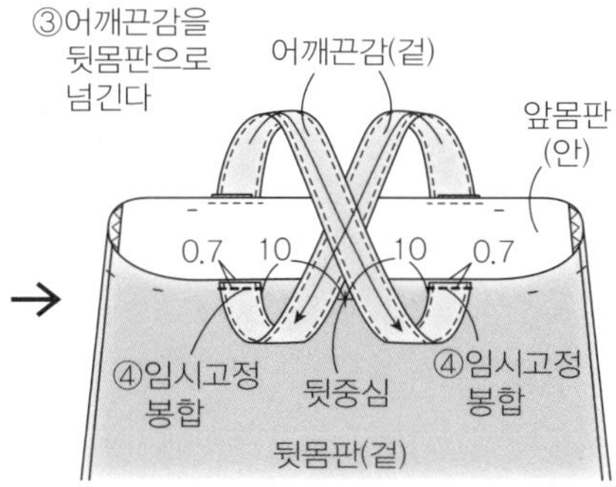

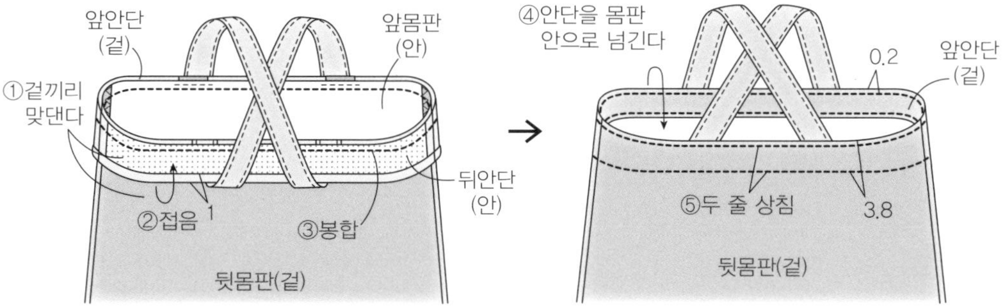

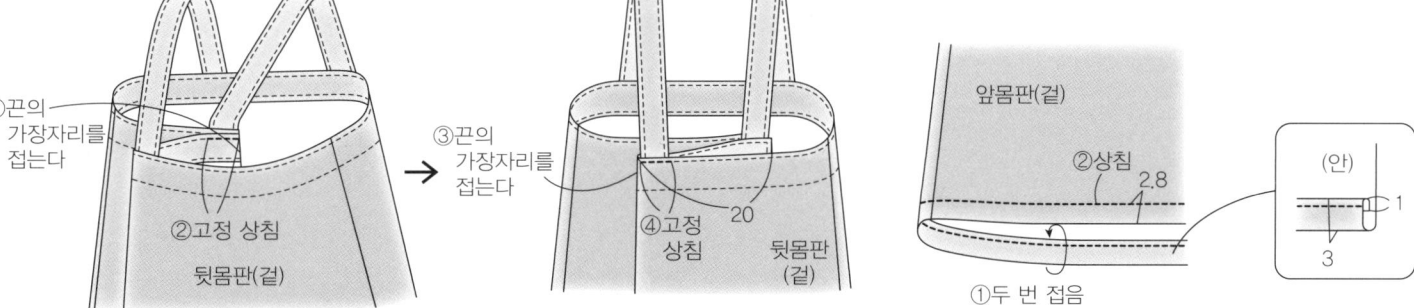

34 (p.31)

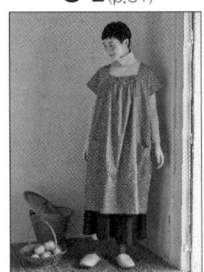

재료
- 겉감(코튼 도트무늬) …… 110cm폭 × 260cm(S) / **270cm(M)** / 280cm(L)
- 고무줄(앞목둘레용) …… 0.6cm폭 × 40cm(S) / **42cm(M)** / 45cm(L)
- 고무줄(뒷목둘레용) …… 2.5cm폭 × 20cm(S) / **21cm(M)** / 22.5cm(L)

완성 사이즈 (단위: cm)

사이즈	S	M	L
가슴 둘레	144.4	152	163.2
옷길이	103.5	107	110.5

사이즈 표시
S 사이즈
M사이즈
L 사이즈
1개만 작성된 숫자는 공통

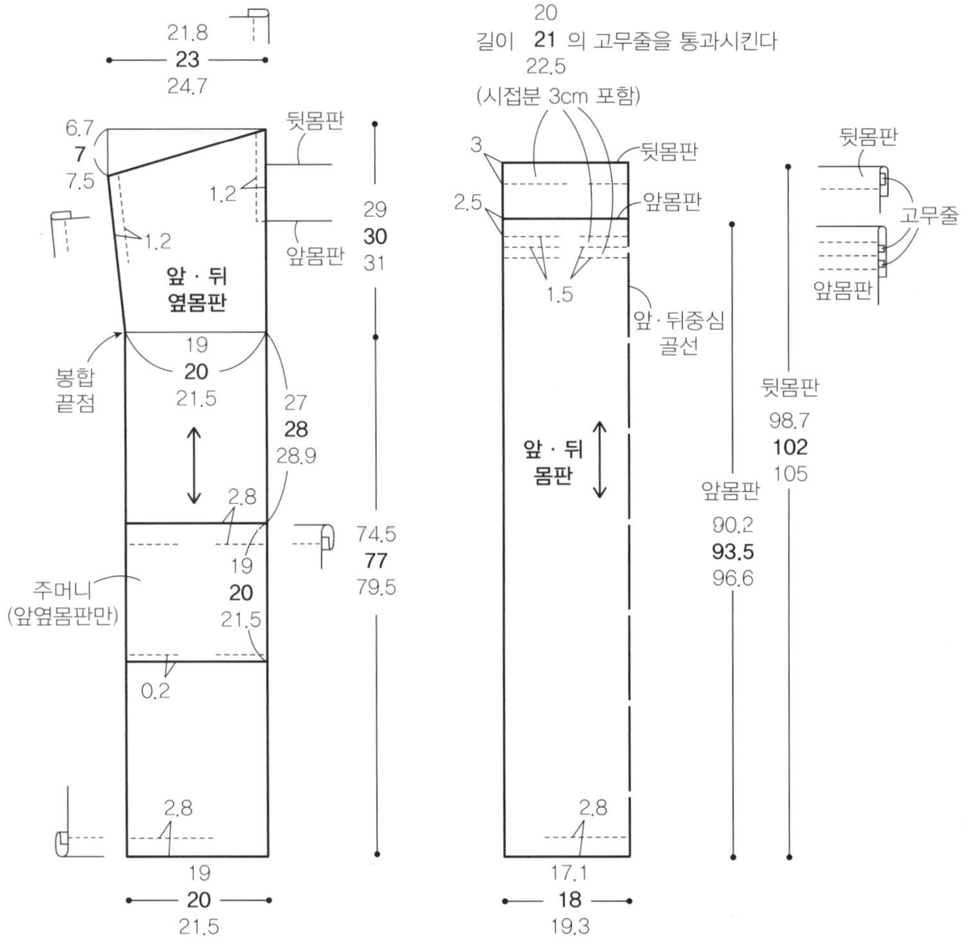

재단 배치도

* 모든 패턴은 직접 제도하여 사용합니다
* ～～ =지그재그봉제 또는 오버록 처리한다

제도

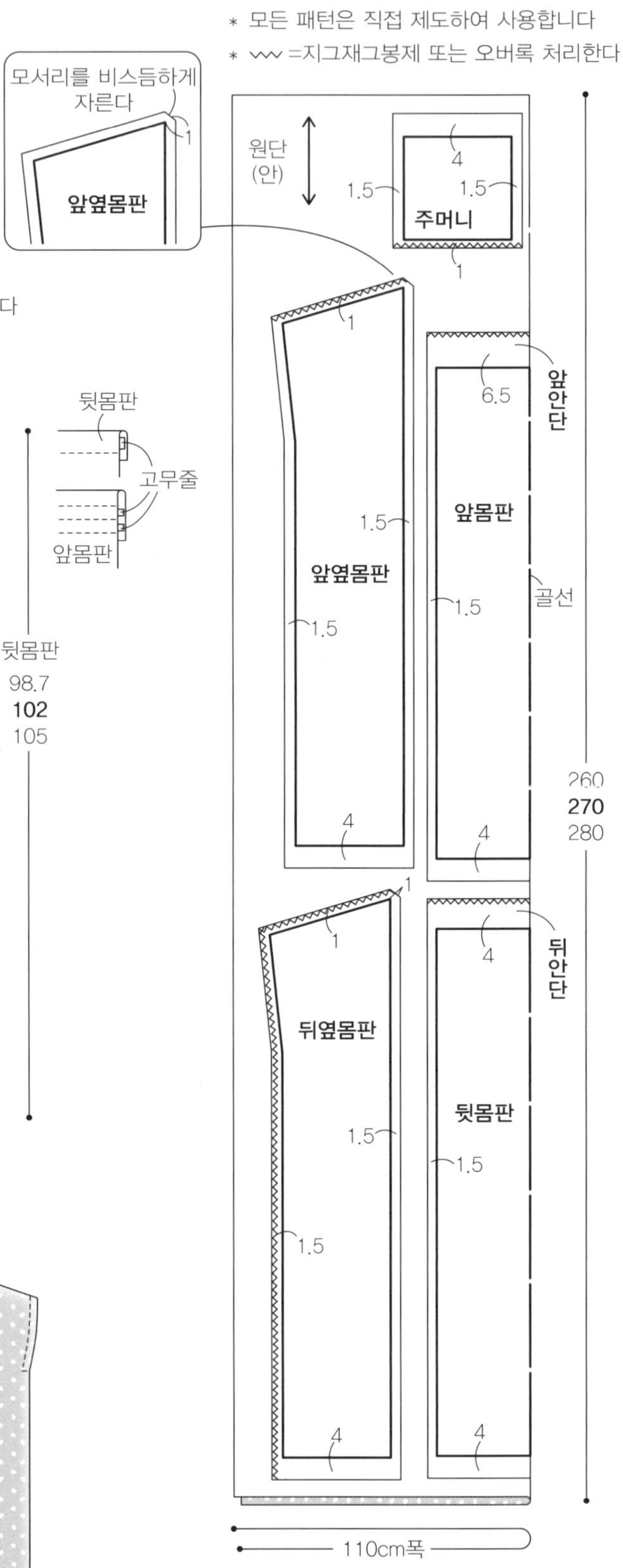

만드는 순서

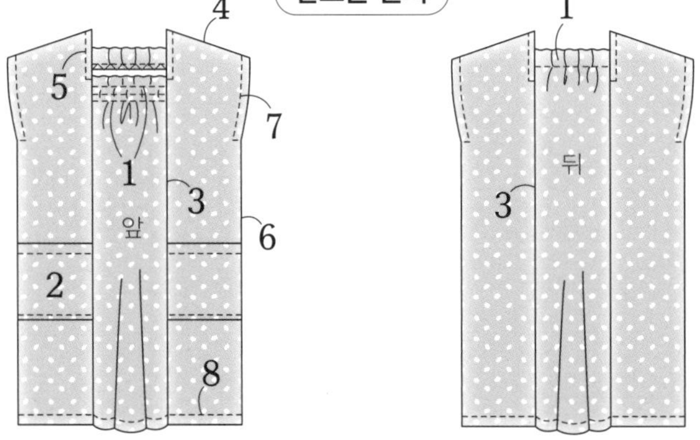

만드는 방법

1 안단에 고무줄을 통과시킨다

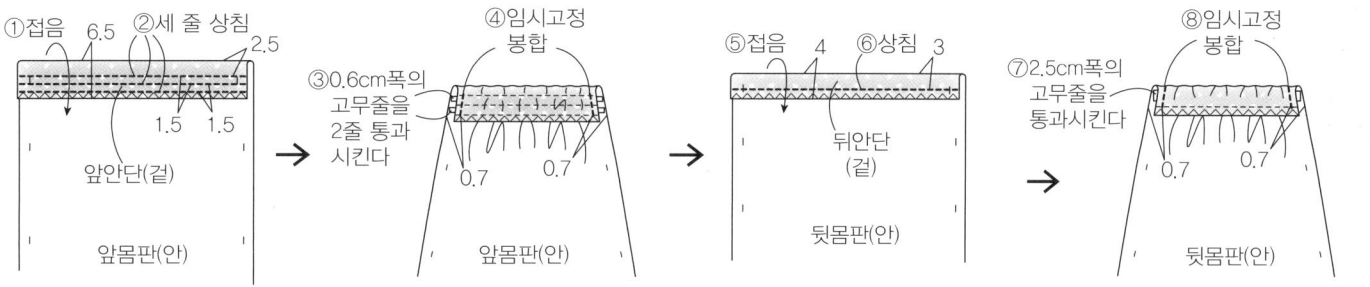

2 주머니를 만들어 몸판에 단다

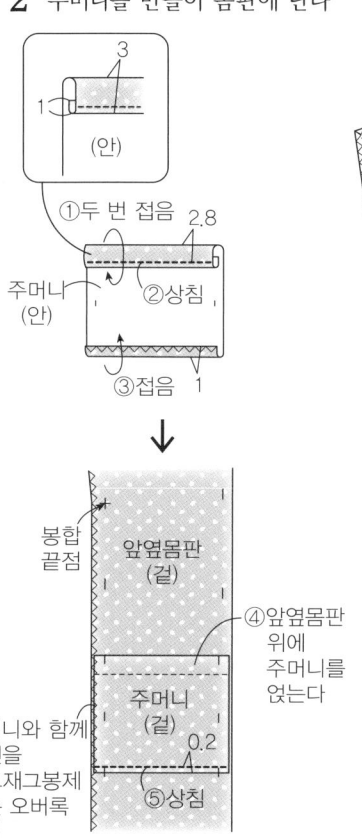

3 앞몸판과 앞옆몸판을 연결한다

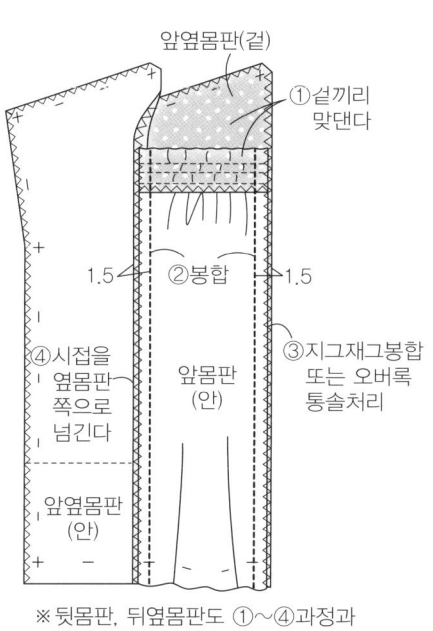

※뒷몸판, 뒤옆몸판도 ①~④과정과 같은 방법으로 만든다

4 몸판의 어깨를 봉합한다

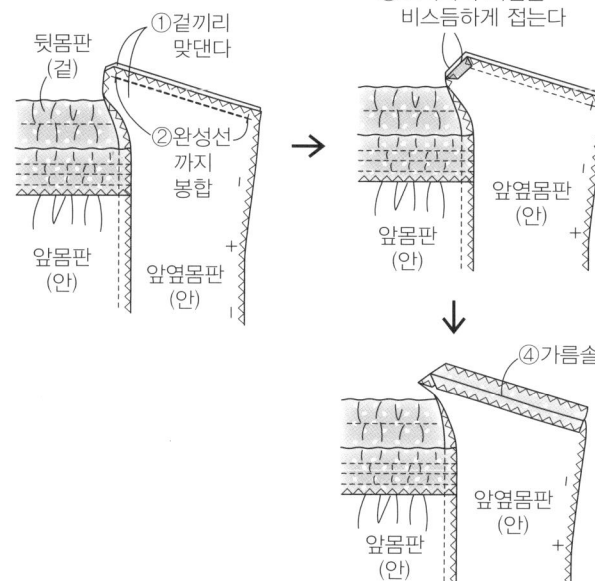

※반대쪽도 ①~④과정과 같은 방법으로 만든다

5 몸판의 목둘레를 정리한다

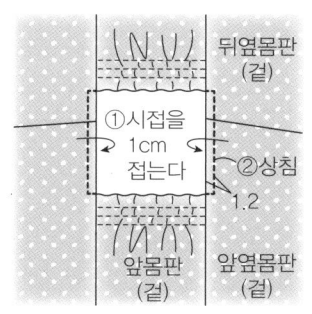

6 몸판의 옆선을 봉합한다

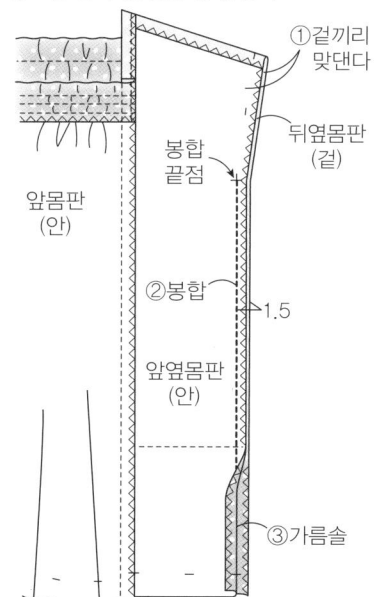

※반대쪽도 ①~③과정과 같은 방법으로 만든다

7 몸판의 암홀 둘레를 정리한다

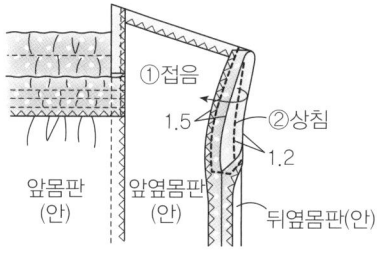

※반대쪽도 ①~②과정과 같은 방법으로 만든다

8 몸판의 밑단을 정리한다

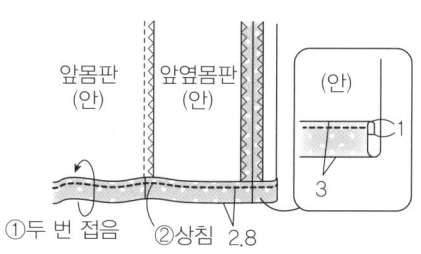

35 (p.32)

재료 겉감(히코리 스트라이프) …… 110cm폭 x 190cm

완성 사이즈 단위: cm

사이즈	FREE
옷길이 (허리벨트분 포함)	68

만드는 순서

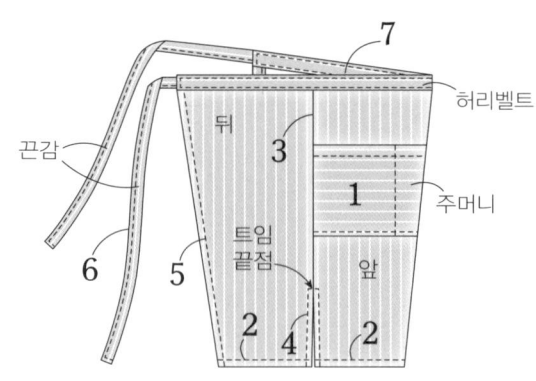

재단 배치도

* 모든 패턴은 직접 제도하여 사용합니다
* ⋙ =지그재그봉제 또는 오버록 처리한다

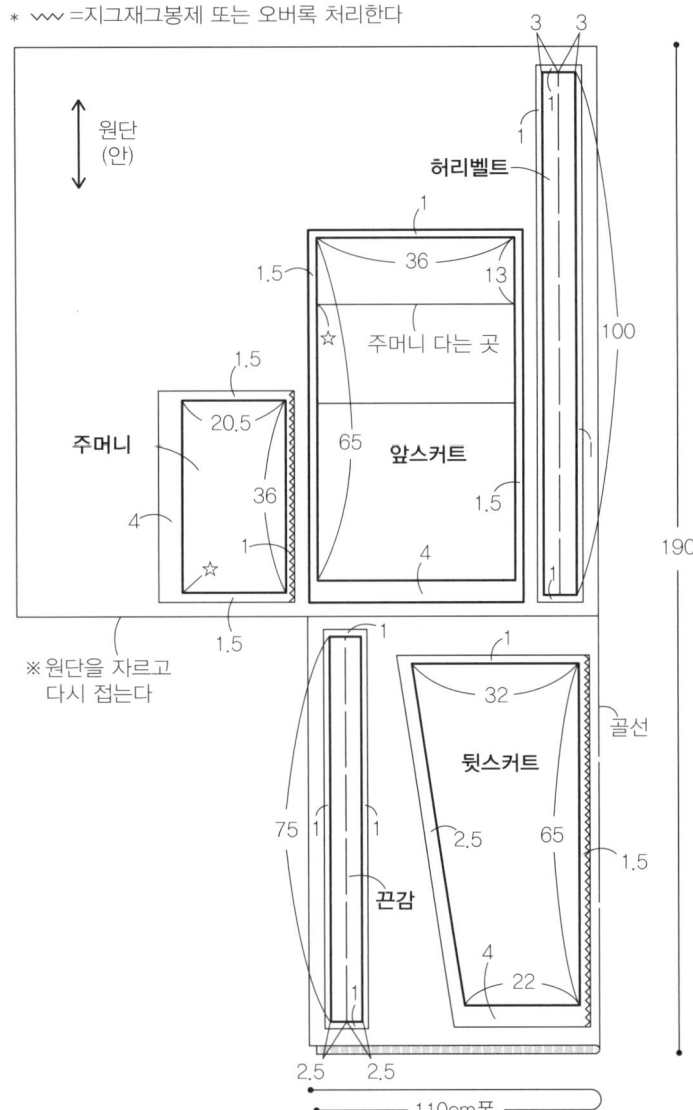

만드는 방법

1 주머니를 만들어 앞스커트에 단다

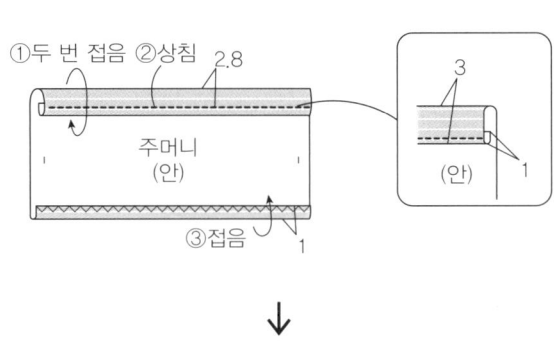

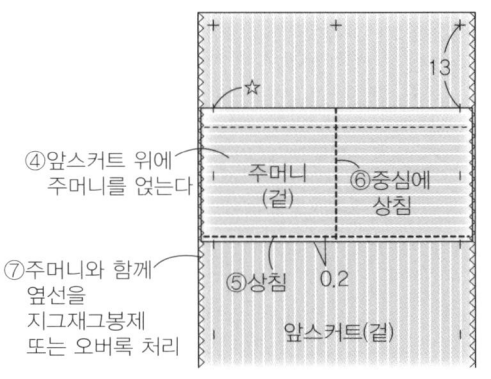

2 스커트의 밑단을 정리한다

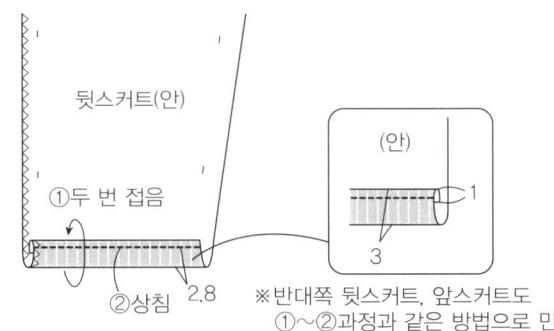

※반대쪽 뒷스커트, 앞스커트도 ①~②과정과 같은 방법으로 만든다

3 스커트의 옆선을 봉합한다

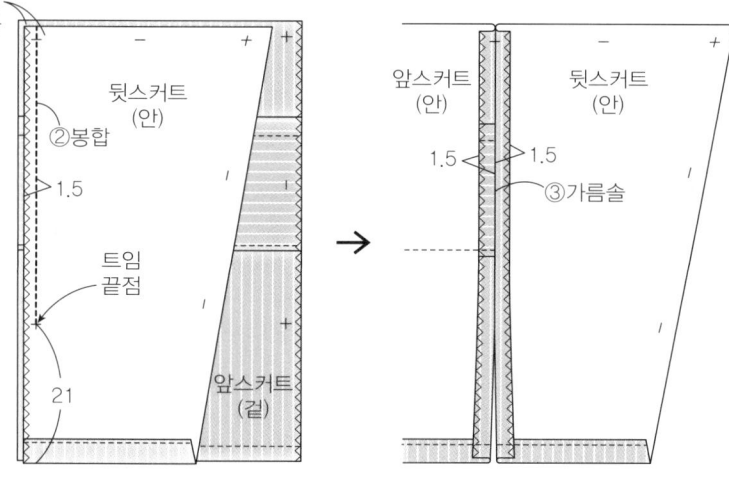

4 스커트의 트임을 정리한다

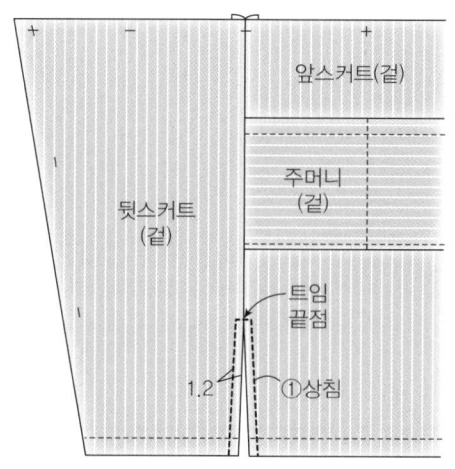

5 뒷스커트의 뒤끝을 정리한다

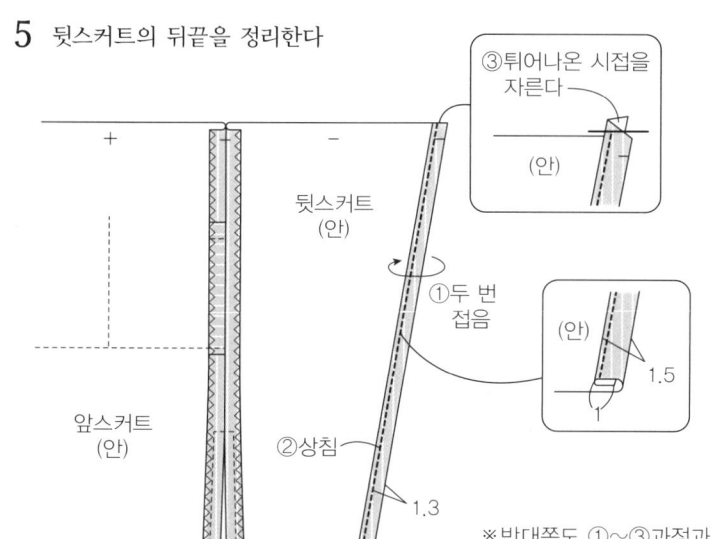

6 끈감을 만든다

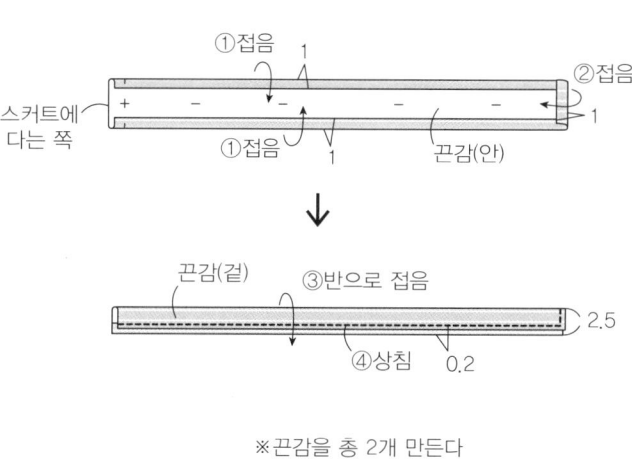

7 스커트에 끈감을 끼우고, 허리벨트를 단다

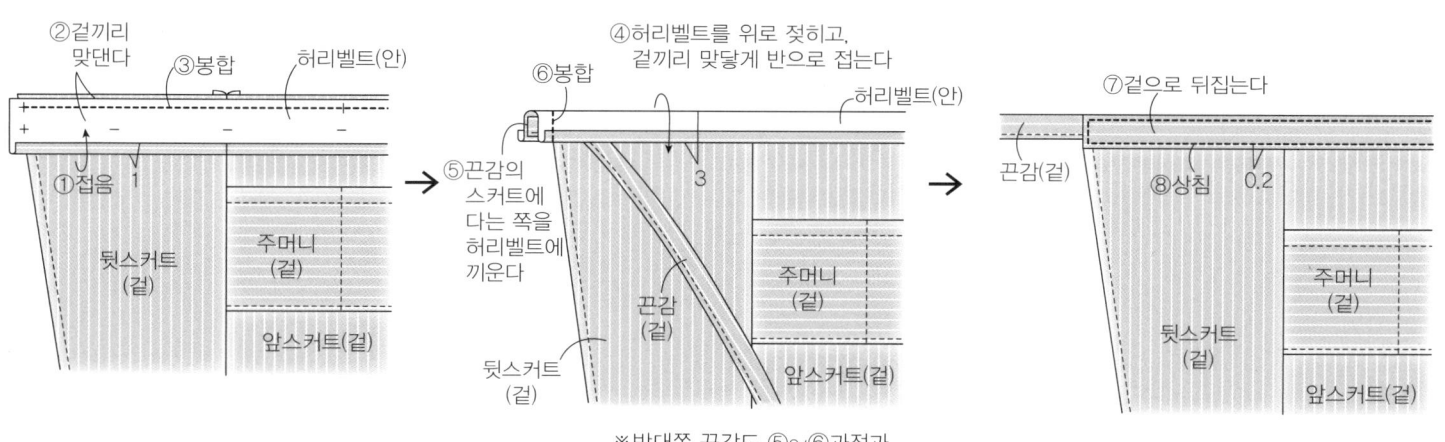

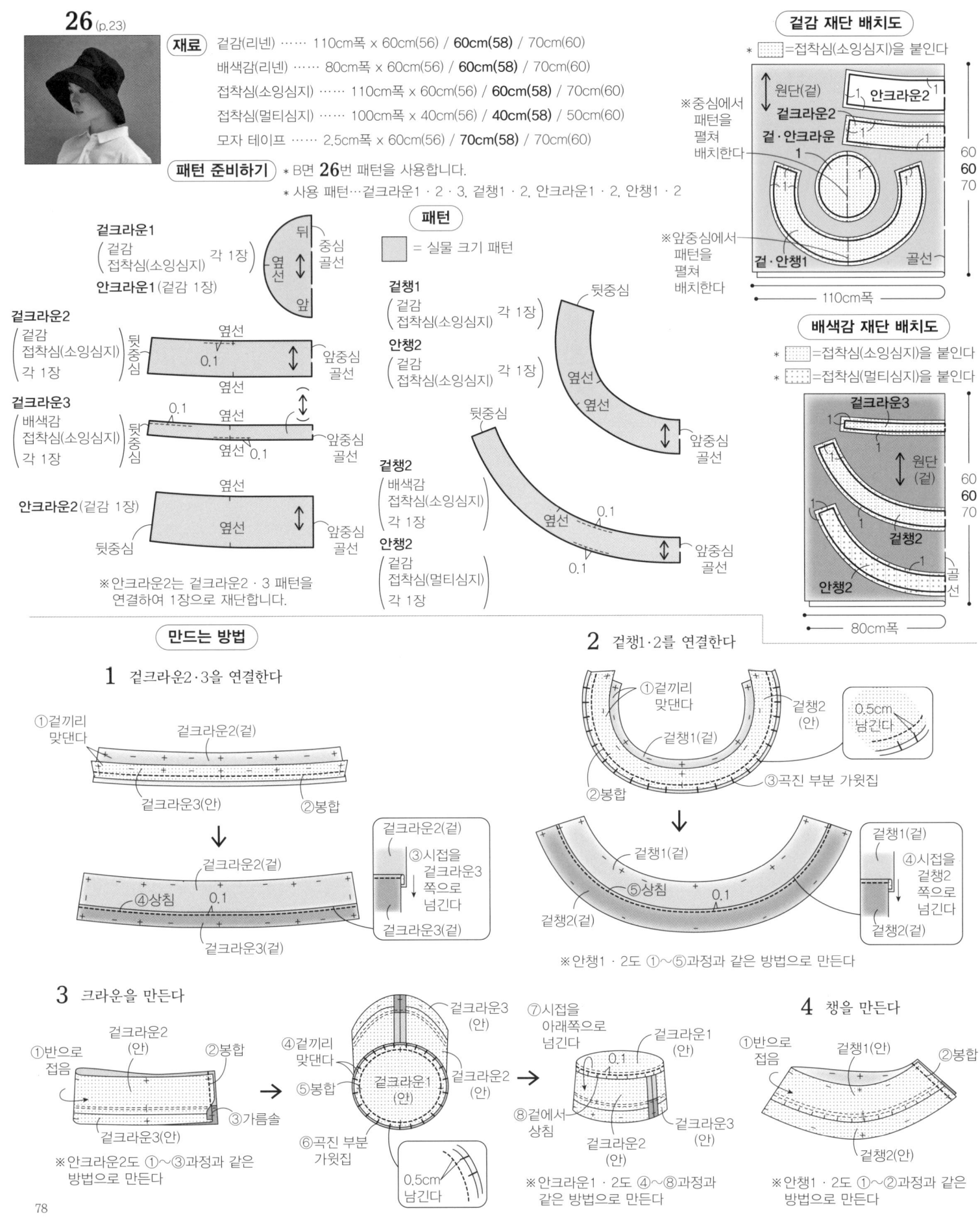

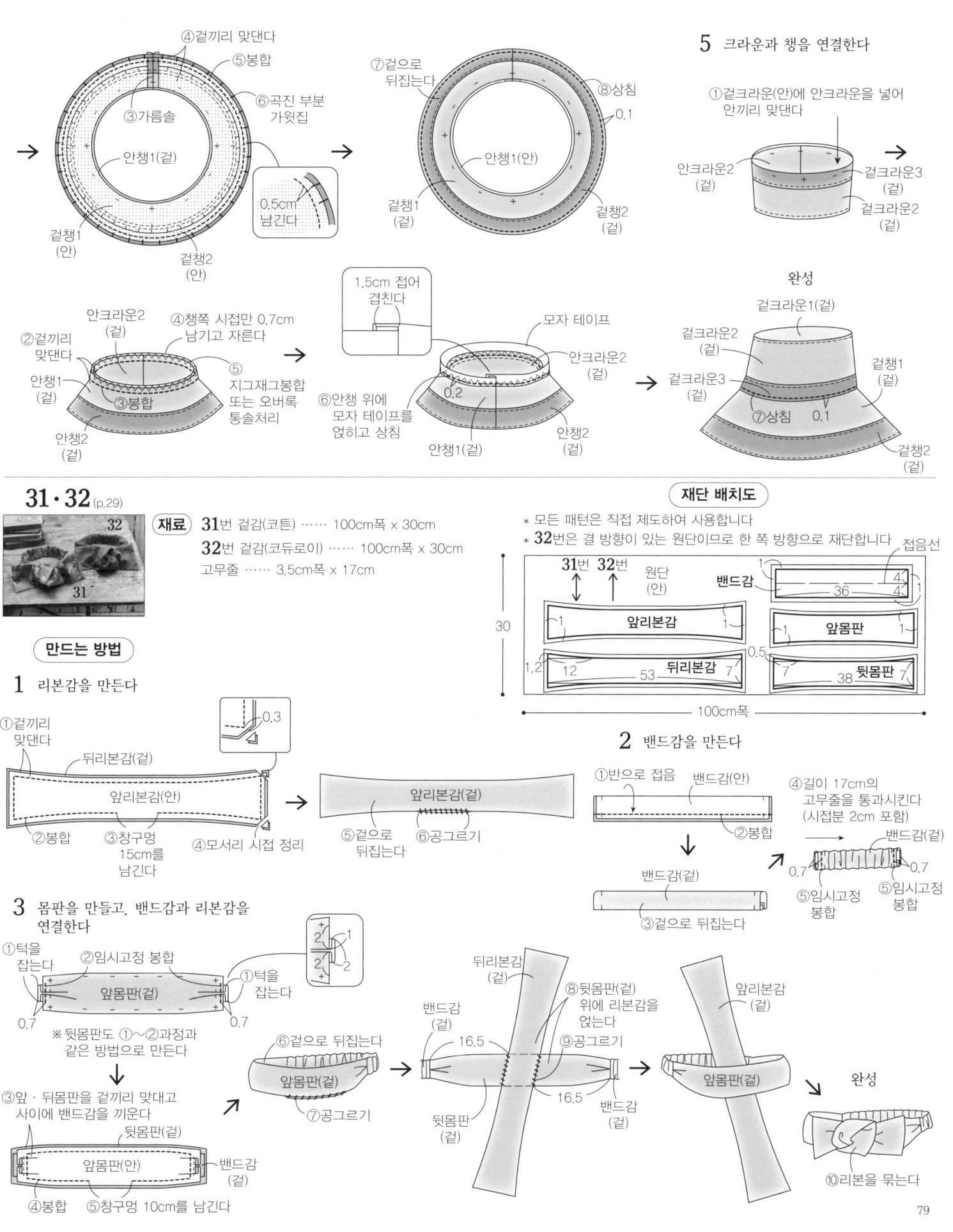

실물 크기 패턴 사용 방법

1 실물 크기 패턴을 준비한다

- 실물 크기 패턴을 펼쳐 준비합니다.
- 만들고 싶은 작품 번호의 패턴이 어떤 선으로 표시되어 있는지, 몇 장으로 구성되어 있는지 확인해주세요.

2 실물 크기 패턴을 다른 종이에 베껴 그린다

- 패턴을 다른 종이에 옮겨 그려서 사용합니다. 옮겨 그리는 방법에는 아래의 두 가지 방법이 있습니다.

〈불투명한 종이에 베끼는 경우〉
불투명한 종이 위에 실물 크기 패턴을 올려 놓습니다. 그 사이에 초크페이퍼를 끼우고, 소프트룰렛으로 패턴의 선을 따라 그려줍니다.

④ 패턴
② 불투명한 종이
③ 초크페이퍼 (초크가 묻어있는 면을 불투명한 종이를 향해 놓는다)
① 두꺼운 종이 (책상이 손상되지 않도록 가장 아래에 놓는다)
⑤ 소프트룰렛 날이 둥글기 때문에 책상이 손상되지 않고 표시만 베껴 그릴 수 있습니다.

〈비치는 종이에 베끼는 경우〉
실물 크기 패턴 위에 비치는 종이(패턴지)를 올려 놓고, 펜으로 베껴 그려줍니다.

① 패턴
② 패턴지
③ 종이가 움직이지 않도록 문진이나 시침핀으로 고정한다
④ 펜을 사용한다

〈패턴을 베낄 때 주의사항〉
- [맞춤점], [단추 다는 곳], [트임 끝점], [올 방향]등도 빠짐 없이 베끼고, 패턴 각 부분의 [명칭]도 기입합니다.
- 한 장의 패턴 안에 [앞몸판, 앞안단] 등 다른 패턴이 기입된 패턴이 있습니다. 베낄 때는 각각 베껴 사용합니다.
- 끈감처럼 직선인 패턴은 패턴지에 포함되어 있지 않을 수 있습니다. 그럴 경우, 만드는 방법 페이지를 확인하여 기재된 치수에 맞춰 직접 제도하여 사용합니다.

3 시접을 주고 패턴을 자른다

- 패턴에 시접이 포함되어 있지 않기 때문에, 각 작품의 재단 배치도에 기재된 치수에 따라 시접을 더해주세요.

〈시접을 줄 때 주의사항〉
- 서로 맞춰 봉합할 곳의 시접은 원칙적으로 같은 폭으로 합니다. 완성선에 평행하게 시접을 줍니다.
- 암홀 둘레, 어깨, 밑단에 시접을 줄 때는 베낄 종이의 여백을 남기고, 시접을 접어서 잘라 시접이 부족하지 않도록 합니다. (예)참고)
- 원단 소재의 성질(두께, 늘어남분)이나 트임 끝점(뒷중심, 앞중심 등) 봉제 방법에 따라 시접 폭은 달라집니다. 반드시 재단 배치도의 각 부위의 시접량을 지켜주세요.

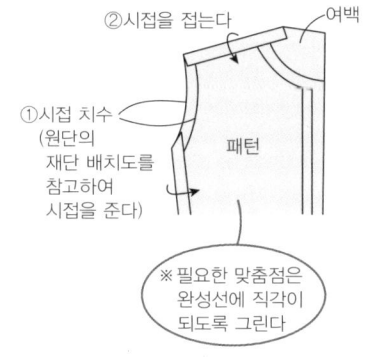

〈시접을 준다〉
예) 완성선에 평행하게 시접을 준다
② 시접을 접는다
여백
① 시접 치수 (원단의 재단 배치도를 참고하여 시접을 준다)
※필요한 맞춤점은 완성선에 직각이 되도록 그린다

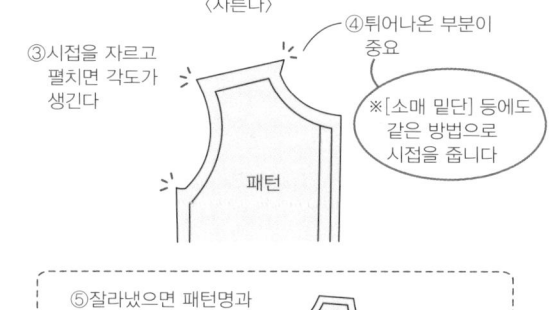

〈자른다〉
③ 시접을 자르고 펼치면 각도가 생긴다
④ 튀어나온 부분이 중요
※[소매 밑단] 등에도 같은 방법으로 시접을 줍니다
패턴

⑤ 잘라냈으면 패턴명과 올 방향 등이 기입이 되어있는지 체크한다
⑥ 소매처럼 앞쪽과 뒤쪽이 있을 때는 패턴에 표시를 해둔다

4 패턴을 원단 위에 배치하고, 원단을 재단한다

- 필요한 패턴을 원단 위에 올려놓습니다. 이때, 설명서의 재단 배치도를 참고하여 원단 접는 방법과 패턴의 올 방향(식서) 등에 주의하면서 패턴을 배치하고, 원단이 움직이지 않도록 문진이나 시침핀으로 고정하면서 재단합니다.

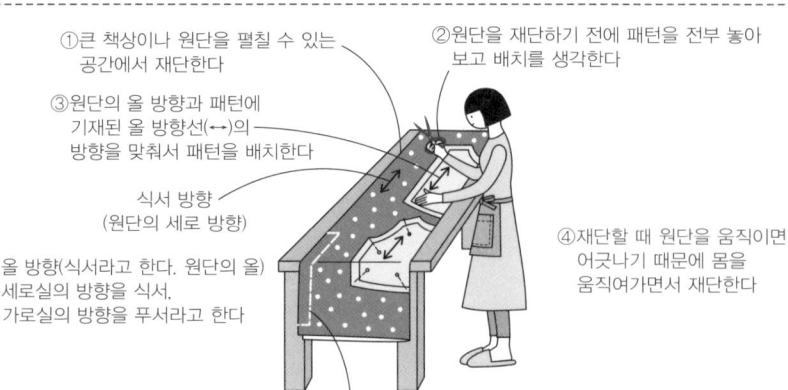

① 큰 책상이나 원단을 펼칠 수 있는 공간에서 재단한다
② 원단을 재단하기 전에 패턴을 전부 놓아 보고 배치를 생각한다
③ 원단의 올 방향과 패턴에 기재된 올 방향선(↔)의 방향을 맞춰서 패턴을 배치한다
식서 방향 (원단의 세로 방향)
* 올 방향(식서라고 한다. 원단의 올)
* 세로실의 방향을 식서, 가로실의 방향을 푸서라고 한다
④ 재단할 때 원단을 움직이면 어긋나기 때문에 몸을 움직여가면서 재단한다
⑤ 직선 패턴은 실물 크기 패턴이 없으므로 직접 원단에 그려 재단한다

즐겨 입는
핸드메이드 여성복 35

초판 1쇄 인쇄	2020년 11월 27일
초판 1쇄 발행	2020년 12월 08일

발행인	정용효
기획	이슬희, 유윤경
번역	손수현
감수	브라이언
편집	전하리
인쇄	웰컴P&P
신고번호	제2016-000002호
신고일자	2016년 01월 26일
발행처	주)핸디스 소잉스토리
	광주광역시 북구 서암대로 133 (신안동), 3층
대표전화	062-513-8957
팩스	062-522-8827
문의전화	070-8893-9218
홈페이지	소잉스토리 www.sewingstory.com

PRINTED IN KOREA

ISBN	979-11-88062-36-2 13590
판매가	18,000원

※ 잘못 인쇄된 책은 구입처에서 교환해 드립니다.
※ 소잉스토리는 소잉 D.I.Y 취미실용서를 출간합니다.

이 도서의 국립중앙도서관 출판예정도서목록(CIP)은 서지정보유통
지원시스템 홈페이지(http://seoji.nl.go.kr)와 국가자료공동목록시스
템(http://www.nl.go.kr/kolisnet)에서 이용하실 수 있습니다.
(CIP제어번호 : CIP2020049991)

STAFF

편집	新井久子　松岡陽子　室星はるか
촬영	奥川純一
헤어&메이크업	三輪昌子
모델	tara
북디자인	小池佳代
일러스트	長浜恭子
실물 크기 패턴	並木愛
편집인	高橋ひとみ
발행인	内藤　朗
발행소	株式会社ブティック社

Lady Boutique Series No.4853 Kokochi Yoi Mainichi Fuku
Copyright © 2019 BOUTIQUE-SHA, Inc.
All rights reserved.
Original Japanese edition published in Japan by BOUTIQUE-SHA.
Korean translation rights arranged with BOUTIQUE-SHA through
DAIJO CRAFT CORP.

이 책의 한국어판 저작권은 BOUTIQUE-SHA, INC. 와의
독점 계약으로 주)핸디스에 있습니다. 신저작권법에 의해
한국 내에서 보호를 받는 저작물이므로 무단전재와 무단복
제를 금합니다.

Happy Bears
Sewing Notion
For your happy sewing

FROM HAPPY BEARS

직접 만들어서 더 의미있는 DIY 작품은 어떤 마음을 가지고 만드냐에 따라서 그 가치가 또 달라지는 것 같아요. 누군가를 걱정하고, 아끼고, 사랑하는 마음을 담아 완성 한다면 그 마음까지 함께 고스란히 전해지는 것이 손으로 직접 만드는 핸드메이드 (HAND MADE)가 아닐까 생각됩니다 :-)

해피베어스 역시 소잉 DIY를 하는 모든 사람들을 위하는 마음을 담아 소잉작업에 필요한 좋은 상품(Product)을 고민하여 보다 더 멋진 작품을 완성할 수 있고, 늘 즐겁고 행복한 작업시간을 가질 수 있도록 가치있고, 실용적인 다양한 소잉 부자재를 기획하는데 노력하고 있습니다.

01 작품의 완성도와 품격을 UP↑
프라임 소잉전용실

의상, 소품, 홈패션, 미싱퀼트/자수 등 작품 구분없이 사용 가능하며 일반 원단부터 론(아사), 시폰, 수영복원단, 다이마루, 모직 등 다양한 원단을 봉제할 수 있는 멀티실입니다. 코어(CORE)사로 일반 폴리에스테르실에 비해 내구성이 Good! 파인 프라임(53수2합/얇은 원단용), 프라임(45수2합/일반 원단용), 스티치 프라임(29수3합/두꺼운 원단용) 총 3종으로 구성.

SIZE 약 바닥 3 X 높이 5cm
　　　파인 프라임/프라임(400m), 스티치 프라임(200m)
PRICE 프라임 2,600 won / 파인, 스티치 2,800 won

02 꽃잎처럼 부드럽고 가벼운
라라실 (고급 날나리실)

다이마루, 저지, 수영복 원단 등 스판성 있는 원단을 봉제하거나 퀼팅 작업시 밑실 전용으로 사용하기 좋고, 가장자리 오버록 및 인터록 처리시 더욱 고급스럽게 마무리 할 수 있습니다. 보송보송 부드러운 촉감으로, 아이들 피부에도 자극이 없습니다.

SIZE 약 바닥 3 X 높이 5cm / 100D/2 / 350m
PRICE 2,700 won

03 달달한 분위기를 더해요
마시멜로 무지개실

실 한가닥에 다채로운 색상이 그러데이션 되어 있어 무척 매력적인 무지개실. 미싱퀼트, 미싱자수, 의상, 소품, 홈패션 등 다양한 작품에 사용할 수 있는 달콤한 멀티실입니다. 일반 무지개실과 달리 실 중심에 나일론사가 들어있는 코아사(코어사)로 내구성 또한 good! 총 10컬러 구성.

SIZE 약 바닥 3 X 높이 5cm / 45수 2합 / 400m
PRICE 3,800 won

04 제도/재단 작업시 없어선 안될 필수템
아이론 열펜

펜촉의 팁 두께는 0.5mm 정도로 선이 비교적 가늘고 견고하게 그어지기 때문에 섬세한 작업에 사용하기 좋고, 작업후 다리미의 열만으로 쉽게 선을 지울 수 있어 간편합니다. 3가지 색상으로 구성되어 있습니다.

SIZE 심 두께 약 0.5mm
PRICE 1,800 won

05 덕분에 작업시간이 줄었어요
아이론 시접자

아이론 시접자는 고열에 녹지 않는 특수 열경화성 아크릴 소재로, 직선, 곡선, 완만한 곡선, 각지거나 둥근 모서리 부분 등 거의 모든 시접 부분을 한번에 손쉽게 다릴 수 있는 스마트한 시접자입니다. 원단을 꺾어 원하는 치수에 재단선을 맞춘 다음, 꺾인 부분을 다려주세요. 2가지 사이즈 구성.

SIZE 약 20 X 10cm / 약 30 X 10cm / 두께 약 0.4mm
PRICE 10,000 / 12,000 won

06 모눈 디자인으로 더 똑똑하게!
그리드(모눈) 부직포 패턴지

흔하지 않은 핑크색 모눈 눈금으로, 선이 선명하며 1cm(굵은 실선), 5mm(십자, 점선)로 표시되어 구분하기 쉽습니다. 눈금이 있어 쉽게 면적 계산을 할 수 있고, 원단 소요량 측정이 가능하며, 깔끔하게 롤로 말려 있어서 퀼트나 의류 패턴 작업 등 다양한 작업 시 편리하고 오래 사용할 수 있습니다.

SIZE 약 폭 50cm, 총 길이 27m(2,700cm)
PRICE 14,000 won

〈상품구매처〉 패션스타트/ 패션스타트NCC 대리점/ 심플소잉/ 심플소잉NCC 대리점/ 퀼트스타/ 그외 온·오프라인

초보자의 눈으로 개발하는
실물 패턴전문 브랜드 패턴인!

1000여종의 상품 구성 및 매달 신상품 출시!

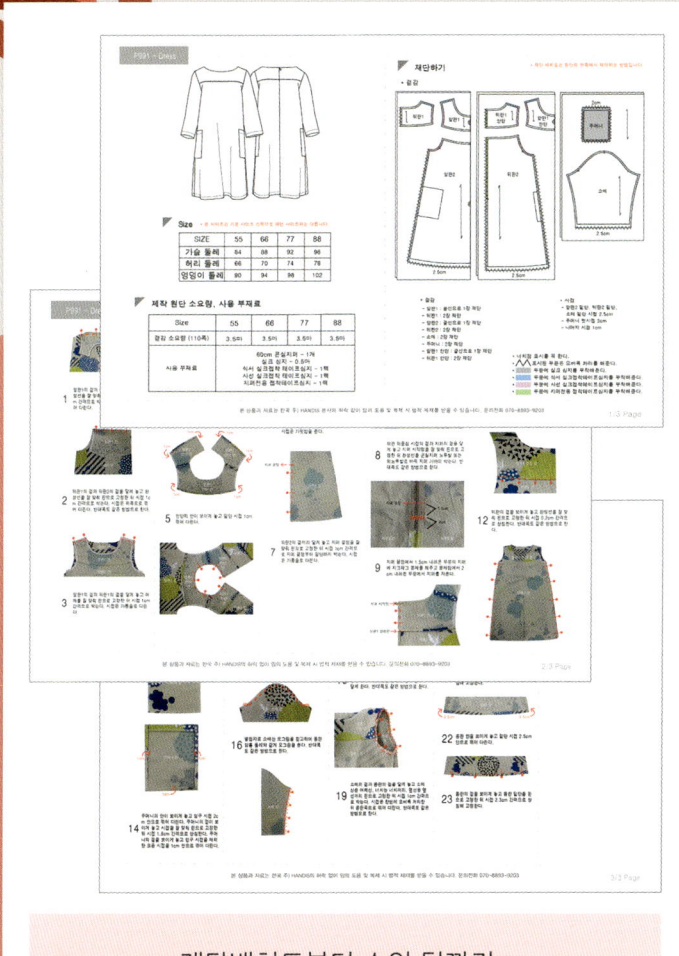

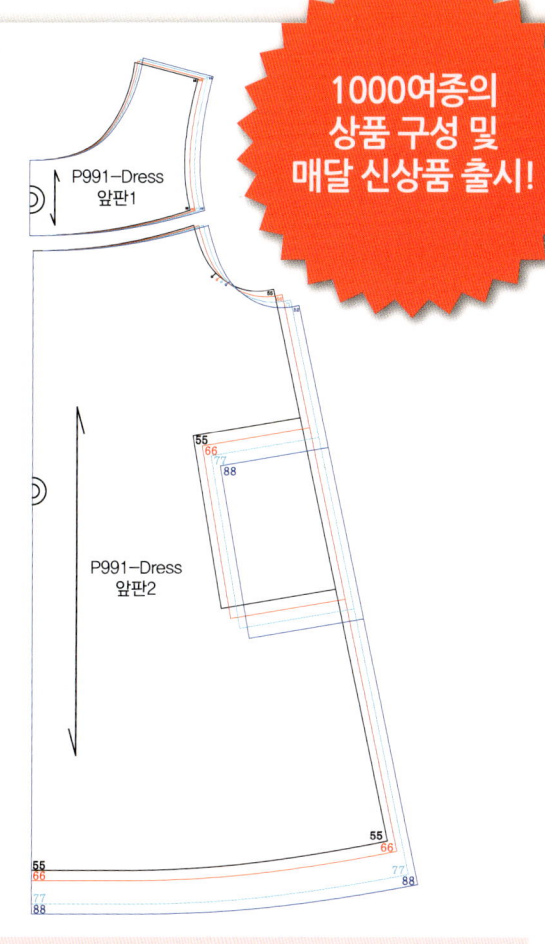

재단배치도부터 소잉 팁까지
꼼꼼한 사진 제작 설명서와 웹 제작 설명서로
쉽고 재미있게!

패턴 전문 캐드를 사용한
전 사이즈 실물 패턴과 사이즈별 컬러선으로
깔끔하고 편리하게!

아래의 구매처에서 패턴인의 모든 상품을 만나 보세요!

패션스타트
전국 대리점 보유

심플소잉
전국 대리점 보유

퀼트스타

천가게 / 천싸요 / 인패브릭 / 앤쏘라이프 / 선퀼트 / 아이러브아이옷 / 원단천국 / 원단1번지

패션스타트 소잉교육/원단/부자재/패턴/서적/미싱

에코백부터 자켓까지
내 손으로 직접 트렌드를 디자인 하는 곳

바느질의 시작,
패션스타트 대리점

차별화된 '패션스타트'만의 교육

수강 최대 인원 5명
소수 인원제
밀착 수업

내 스케줄에 맞춰
수강하는
수업 사전 예약제

충분히 갖춰진
소잉 전문 환경

정규과정 교재
& 실물패턴 제공

홈패션,
소품, 의상을
한 곳에서

초보에서
마스터가 되기 위한
단계별 학습

모두 똑같은
패키지 NO!
나만의 개성 있는 작품

소잉 전문
교육을 통한
창업 인재 양성

전국 패션스타트 대리점

김포 장기점	031-981-7971	원주 혁신점	033-744-3027
평택 안중점	031-683-5451	동해 천곡점	033-535-7373
수원 송죽점	031-207-0966	진해 경화점	055-551-3653

 모바일 사이트

 교육 커리큘럼

국내 최초 재봉틀 공방 브랜드

심플소잉은 국내 40여 개의 대리점을 보유한
국내 최초 DIY 소잉 전문 브랜드입니다.

고품질의 미싱
디자인, 기능, 내구성을 두루 갖춘 품격 있는 미싱을
직접 체험할 수 있습니다.

다양한 소잉 전문 원단/부자재
국내·외 다양한 원단과 부자재를 보유하고 있어
작품의 완성도를 높여줍니다.

차별화된 '심플소잉'만의 교육

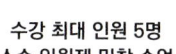
수강 최대 인원 5명
소수 인원제 밀착 수업

내 스케줄에 맞춰 수강하는
수업 사전 예약제

충분히 갖춰진
소잉 전문 환경

정규과정 교재
& 실물 패턴 제공

홈패션, 소품, 의상을
한 곳에서

초보에서 마스터가
되기 위한 단계별 학습

모두 똑같은 패키지 NO!
나만의 개성 있는 작품

소잉 전문 교육을 통한
창업 인재 양성

이런 분들께 **심플소잉 추천**드려요!
- 지친 일상에 힐링이 될 취미가 필요하신 분
- 묵혀만 두었던 미싱을 제대로 사용해 보고 싶으신 분
- 1인 창업, 주부 창업을 고민하시는 분

SIMPLE SEWING

과정별 가격

과정	가격	회차	작품개수
초급	10만원	5회	4개
중급	18만원	10회	5개 ~ 9개
	• 중급은 소품, 아동 의상, 성인 의상, 펫 소잉, 베이비 소잉 5개의 분반으로 나눠집니다. • 분반 별로 작품 갯수가 상이합니다.		
고급 [소품]	18만원	10회	4개
고급 [의상]	25만원	14회	4개

※ 원단, 부자재 가격이 미포함된 가격입니다.   ※ 운영은 매장별로 상이할 수 있습니다.
※ 전화, 방문 시 더 정확하고 친절한 안내를 받으실 수 있습니다.

심플소잉 대리점 안내

경기·강원 지역
경기광주 오포점	031-767-6415	남양주 별내점	031-572-7353
분당 수내점	031-711-0015	수원 광교점	031-211-3885
수원 영통점	031-273-9411	수지 신봉점	031-264-3769
안양 동편마을점	031-703-7249	용인 죽전점	031-265-0301
원주 단구점	033-762-0251	이천 창전점	031-638-8904
인천 구월점	032-233-0708	일산 주엽점	031-906-6577
평택 소사벌점	031-651-7794	화성 동탄점	070-4190-3830

충청지역
대전 노은점	070-7776-5337	서산 호수공원점	041-665-0607
세종 나성점	070-8820-8922	아산 배방점	041-532-5476
제천 중앙점	043-642-3106	천안 백석점	070-4078-9135
천안 신방점	041-579-7275	청주 가경점	043-232-0306
청주 율량점	043-900-3579		

경상지역
부산 동래온천점	051-365-1591	김해 내외점	055-337-5744
양산 물금점	055-388-3636	울산 남구점	052-271-1188
울산 성안점	052-248-8671	창원 남양점	055-263-5662
포항 대이점	054-272-6349		

전라지역
광주 첨단점	062-653-2335	광주 시청점	062-375-0525
군산 지곡점	063-468-6338	나주 빛가람점	061-336-6055
목포 하당점	061-287-8155	순천 동외점	061-900-9965
여수 엑스포점	061-642-0427	전주 송천점	063-278-1088

대리점 개설 상담 및 문의

Kohas iD Co., Ltd

1644-5662

JANOME

Heavy Duty
HD1000

Black Edition 블랙 에디션

공업용 미싱의 **내구성**과 가정용 미싱의 **실용성**을
모두 만족시키는 미싱

HD1000 특징

01 '올 블랙'의 시크한 디자인

02 공업용 미싱과 동일한 '특수 합금' 소재의 바디

03 7.4kg 묵직한 중량

04 최대 속도 분당 840번의 빠른 박음질

HD1000 기능

자동 실 끼우기 장치
레버만 내리면 윗실이 자동으로 장착

후진 재봉 레버
실풀림을 막아주는 마감 재봉 기능

원터치형 노루발
레버 하나로 쉽고 빠르게 노루발 교체 가능

프리암 재봉
소매나 어깨, 바지단을 편리하게 재봉

14가지 실용 스티치
필수 패턴+응용 패턴으로 다양한 스티치 가능

힘&내구성
두꺼운 바늘대, 전면 메탈침판
잔고장이 적은 탄탄한 기본기

특수합금 소재 바디
묵직한 무게감은 물론 변색과 외부충격에 강함

다이아몬드형 톱니
실크부터 청지지까지 다양한 원단 재봉 가능

자노메 미싱
HD1000을 만나보세요.

Sewing Story

소잉스토리는 소잉 D.I.Y. 서적을 출간하는 소잉 전문 출판사입니다. 프로페셔널 기획과 짜임새 있는 완성도를 바탕으로 2009년 한국 최초의 소잉 D.I.Y 잡지인 "소잉 하루에"를 창간했으며, 현재는 단행본 형식으로 변경하여 매년 3회씩 발간하고 있습니다. 일본의 인기 있는 소잉 D.I.Y 서적들을 번역하여 발간하는 일도 함께 하고 있습니다.

다양한 디테일의 상의 셔츠와 블라우스

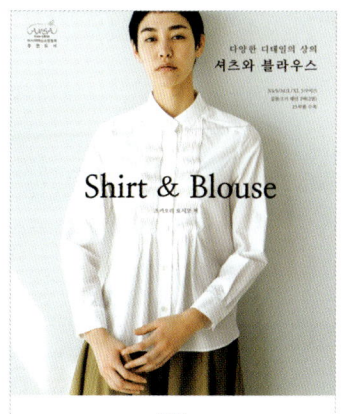

[다양한 디테일의 상의 셔츠와 블라우스]에서는 다양한 디테일의 셔츠와 블라우스를 소개합니다. 소매의 형태부터 밑단 처리, 핀턱 장식 등 소잉에 유용한 많은 디테일이 담긴 작품이 25종 수록되어있으며, 내가 원하는 디테일을 선택하여 제작할 수 있습니다. All Color 사진 제작 설명서와 일러스트 설명서로 만드는 방법을 설명하고 있고, 실물크기 패턴을 수록하여 패턴을 직접 제도해야 하는 어려움 없이 초보자도 깔끔한 셔츠를 제작할 수 있습니다. [다양한 디테일의 상의 셔츠와 블라우스]를 통해 소잉의 기술을 한 단계 성장시켜보세요.

25작품 수록 / 88쪽
실물크기 패턴 1매(2면) 25작품 수록 /
정가 16,000원

매일 입고 싶은 핸드메이드 여성복 만들기

[매일 입고 싶은 핸드메이드 여성복 만들기]에는 실루엣이 예쁜 다양한 여성복을 한 권에 담았습니다. 여성들에게 사랑받는 아이템인 블라우스부터 원피스, 스커트, 팬츠 등 다양한 아이템이 14종 수록되어 있으며, All Color 사진 제작 설명서로 만드는 방법을 설명하고 있어 초보자도 쉽게 소잉을 즐길 수 있게 도와줍니다. 실물크기 패턴을 수록하여 패턴을 직접 제도해야 하는 어려움 없이 쉽게 작품을 제작할 수 있습니다. [매일 입고 싶은 핸드메이드 여성복 만들기]와 함께 일상을 함께하고 싶은 여성복을 직접 만들어보세요.

14작품 수록 / 88쪽
실물크기 패턴 2매(4면) 14작품 수록 /
정가 17,000원

내 아이를 위한 사랑스러운 아동복 만들기

[내 아이를 위한 사랑스러운 아동복 만들기]에서는 귀여운 디테일로 가득한 아동복 15종을 한 권에 담았습니다. 사진 제작 설명서와 일러스트 제작 설명서로 만드는 방법을 소개해 초보 소어들도 쉽게 다가갈 수 있도록 도와줍니다. 90, 100, 110, 120 총 4사이즈의 실물크기 패턴도 함께 수록되어 있어 패턴을 직접 제도해야 하는 어려움 없이 쉽게 작품을 제작할 수 있습니다. [내 아이를 위한 사랑스러운 아동복 만들기]와 함께 내 아이와 소중한 시간을 함께할 아동복을 직접 만들어보세요.

15작품 수록 / 80쪽
실물크기 패턴 2매(4면) 15작품 수록 /
정가 16,000원

직접 만드는 나만의 핸드메이드 스커트 25

[직접 만드는 나만의 핸드메이드 스커트 25]에서는 다양한 디자인의 스커트를 한 권에 모았습니다. 스커트 25종이 수록되어 있으며, 사진 제작 설명서와 일러스트 제작 설명서로 만드는 방법을 소개해 스커트 제작을 도전하지 못했던 소어들도 쉽게 다가갈 수 있도록 도와줍니다. S, M, L, LL 총 4사이즈의 실물크기 패턴도 함께 수록되어 있어 패턴을 직접 제도해야 하는 어려움 없이 쉽게 작품을 제작할 수 있습니다. [직접 만드는 나만의 핸드메이드 스커트 25]와 함께 핸드메이드 스커트를 내 손으로 만들어보세요.

25작품 수록 / 88쪽
실물크기 패턴 1매(2면) 25작품 수록 /
정가 16,000원

소잉으로 만드는 사계절 원피스

[소잉으로 만드는 사계절 원피스]에서는 다양한 디자인의 원피스를 한 권에 가득 담았습니다. 오버핏의 롱 원피스 17종이 수록되었고 일러스트 제작 설명서로 만드는 방법을 소개해 초보자도 쉽게 다가갈 수 있도록 도와줍니다. S, ML, LL 총 3사이즈의 실물크기 패턴도 함께 들어있어 패턴을 직접 제도해야 하는 어려움 없이 쉽게 작품을 제작할 수 있습니다. [소잉으로 만드는 사계절 원피스]와 함께 편안하고 스타일리시한 원피스 스타일을 즐겨보세요!

17작품 수록 / 72쪽
실물크기 패턴 2매(4면) 17작품 수록 /
정가 16,000원

리넨으로 만드는 오버핏 여성복 20

[리넨으로 만드는 오버핏 여성복 20]에서는 작가의 브랜드인 [AN Linen]에서 인기 있는 작품들과 새롭게 선보이는 작품들을 한 권에 담았습니다. 오버핏의 다양한 아이템들이 20종 수록되었고, 일러스트 제작 설명서로 만드는 방법을 소개해 초보자도 쉽게 다가갈 수 있도록 도와줍니다. 55~88사이즈까지 착용 가능한 프리사이즈로, 시접이 포함된 실물크기 패턴도 함께 수록되어 있어 패턴을 직접 제도해야 하는 어려움 없이 쉽게 작품을 제작할 수 있습니다. [리넨으로 만드는 오버핏 여성복 20]과 함께 [AN Linen] 스타일에 도전해보세요!

20작품 수록 / 80쪽
실물크기 패턴 1매(2면) 20작품 수록 /
정가 15,000원

Sewing Harue

〈소잉 하루에〉 시리즈는 소잉스토리의 대표 개발서적 시리즈입니다. 각 서적에는 All Color 사진 설명서 / 일러스트 제작 설명서가 들어있어 초보자들도 쉽게 따라 만들 수 있습니다. 각 사이즈별로 그레이딩 된 실물크기 패턴도 함께 들어있습니다. 쉽고 친절한 〈소잉 하루에〉 시리즈를 지금 만나보세요.

[Vol.25] 편안하고 특별한 핸드메이드 여성복

편하게 입을 수 있는 다양한 스타일의 여성복을 소개합니다. 베스트, 티셔츠, 블라우스, 셔츠, 자켓, 하의 총 6가지 테마의 작품이 총 31개가 수록되어 있어 한 권으로 다양한 아이템을 제작할 수 있습니다. 실물크기 패턴과 All Color 일러스트 설명서를 수록하였으며, 스타일링 팁에는 수록된 작품으로 연출할 수 있는 코디를 소개합니다. 소잉에 필요한 다양한 팁을 소개하고 있어 소잉을 어려워하는 초보자들도 쉽고 즐겁게 작품을 만들 수 있도록 도와줍니다. 소잉 하루에 Vol.25와 함께 일상 속 소잉의 즐거움을 느껴보세요.

31작품 수록 / 136쪽
실물크기 패턴 2매(4면) 31종 수록 /
정가 18,000원

[Vol.20 개정판] Man & Kid Clothes 트렌디한 남성복 만들기

이지 캐주얼 스타일의 다양한 남성복을 소개합니다. 티셔츠, 셔츠, 팬츠, 자켓, 소품 등 다양한 아이템들이 수록되어 있으며, 아이와 함께 입을 수 있는 아이템도 수록되어 있습니다. 소잉에 필요한 다양한 팁을 소개하고 사진 제작 설명서와 All Color 일러스트 제작 설명서가 들어있어 쉽고 즐겁게 작품을 만들 수 있도록 도와줍니다. 세상에 하나뿐인 옷을 만들어 소중한 사람에게 선물해 보세요.

29작품(아동 6작품) 수록 / 116쪽
실물크기 패턴 2매(4면) 29종(아동 6종) 수록 /
정가 15,000원

[Vol.24] 깔끔한 실루엣의 원피스 만들기 25

'깔끔한 실루엣의 원피스'라는 주제를 가지고 기본 원피스, 주름 원피스, 프린세스 원피스, 랩 원피스, 셔츠 원피스, 소품 총 6가지 테마의 원피스와 소품을 한 권에 담았습니다. 총 25작품의 실물크기 패턴과 All Color 일러스트 설명서를 수록하였으며 스타일링 팁에는 원피스로 연출할 수 있는 코디를 소개합니다. 사이즈 재는 방법, 패턴 베끼는 법 등 소잉에 필요한 다양한 팁을 소개하고 있어 소잉을 어려워하는 초보자들도 쉽고 즐겁게 작품을 만들 수 있도록 도와줍니다. 아름다운 실루엣이 가득한 원피스 작품들을 만들어보세요!

25작품 수록 / 120쪽
실물크기 패턴 2매(4면) 25종 수록 /
정가 16,000원

[Vol.18 개정판] 리넨으로 시작하는 여성복 만들기

입을수록 멋스러운 리넨 여성복을 소개합니다. 블라우스, 스커트, 팬츠, 원피스, 자켓, 코디 아이템 등 총 34가지 아이템들이 다양하게 수록되어 있으며, All Color 일러스트 제작 설명서와 소잉에 필요한 다양한 팁을 소개하고 있어 쉽고 즐겁게 작품을 만들 수 있도록 도와줍니다. 친절한 소잉 하루에와 함께 나만의 리넨 의상을 직접 만들어 보세요.

34작품 수록 / 164쪽
실물크기 패턴 2매(4면) 32종 수록 /
정가 16,000원

[Vol.23] 정성이 깃든 우리 가족 한복 만들기

'일상에서 함께 하는 우리 가족 한복'이라는 주제로 '아동 전통 한복', '아동 생활 한복', '성인 한복', '한복 소품' 총 4가지 테마의 작품 28종이 수록되어 있습니다. 소잉에 필요한 다양한 팁을 소개하고, All Color 일러스트 제작 설명서가 들어있어 쉽고 즐겁게 작품을 만들 수 있습니다. 모든 작품의 실물크기 패턴을 수록하여 초보자도 쉽게 한복을 만들 수 있게 도와줍니다. 우리 가족의 전통 한복부터 생활 한복, 소품까지 다양한 작품들을 만들어보세요!

28작품 수록 / 142쪽
실물크기 패턴 2매(4면) 28종 수록 /
정가 16,000원

〈소잉 하루에〉 시리즈

[Vol.10] 매일매일이 행복한 아기옷 바느질
[Vol.11] 진짜 쉬운 머신소잉의 기초
[Vol.12 신개정판] 내 손으로 만드는 사랑스러운 우리아이 한복
[Vol.13 개정판] 오버록 미싱으로 만드는 핸드메이드 아이옷
[Vol.14 개정판] 마리앤느의 핸드메이드 에이프런
[Vol.15] 그녀들이 만드는 행복한 홈인테리어
[Vol.16] 여우꼬리가 들려주는 행복한 자수 소품 이야기
[Vol.17] 처음 배우는 소잉 가방과 파우치 26
[Vol.19] 트렌디한 소잉 DIY 클러치와 가방만들기
[Vol.21] 리넨으로 만드는 엄마와 딸의 커플룩 36

패션스타트, 심플소잉, 퀼트스타 및 온/오프라인 서점에서 더 많은 핸디스 소잉스토리의 서적을 만나보세요!